O Propósito Sagrado do Casamento

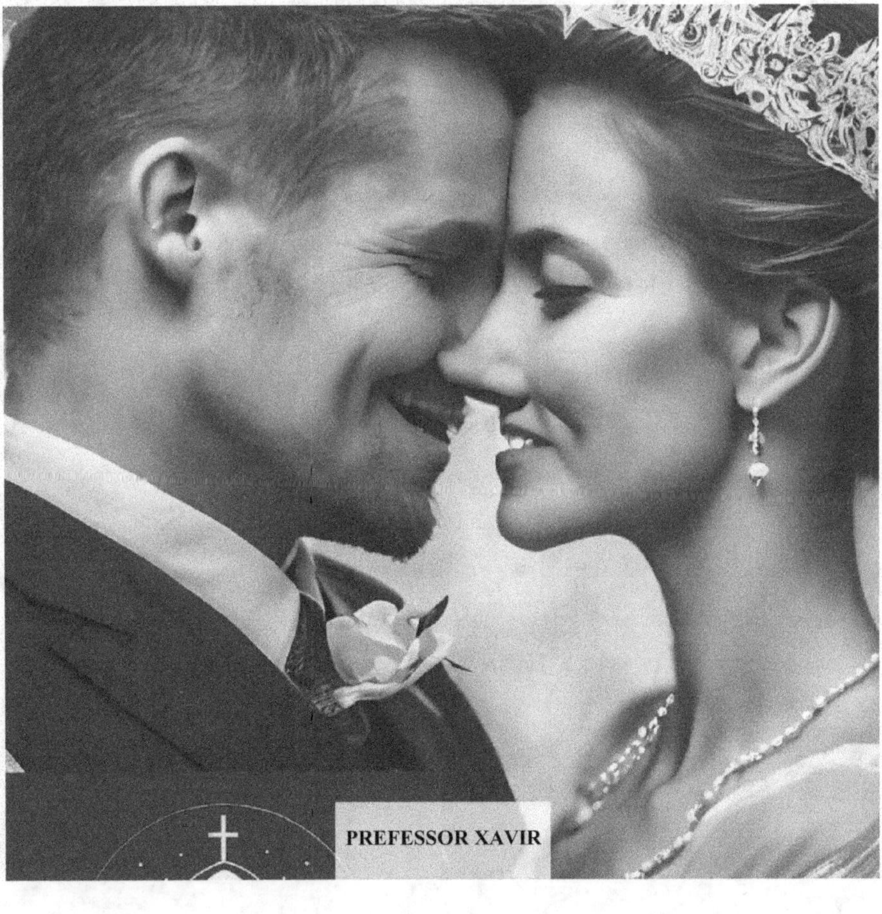

PREFESSOR XAVIR

SUMÁRIO

1

A Consagração da Família à Imagem de Deus

1.1 A importância do casamento como união divinamente ordenada

O casamento é uma instituição sagrada e divinamente ordenada, fundamental para a estrutura da família e da sociedade como um todo. Essa união não é apenas uma convenção social, mas sim um vínculo estabelecido por Deus, que reflete Sua imagem e Seu plano para a humanidade.

Quando entendemos o casamento como uma união divina, reconhecemos que ele vai além de simplesmente unir duas pessoas. Ele representa a aliança entre um homem e uma mulher perante Deus, com compromissos de amor, respeito e fidelidade mútua. Essa perspectiva eleva o casamento a um nível espiritual, onde os cônjuges são chamados a se apoiarem mutuamente em sua jornada de fé e crescimento espiritual.

Além disso, ao compreendermos o casamento como uma instituição divina, reconhecemos que ele possui propósitos mais amplos do que apenas a felicidade individual dos cônjuges. O casamento é projetado para ser uma fonte de bênçãos para toda a família e para a comunidade em que está inserido. Ele serve como base sólida para a criação de filhos saudáveis emocionalmente, mentalmente e espiritualmente.

Portanto, ao consagrar o casamento como uma união divinamente ordenada, estamos reconhecendo sua importância não apenas no contexto pessoal dos cônjuges envolvidos, mas também na construção de uma sociedade mais justa, amorosa e solidária. É através do respeito e valorização dessa instituição sagrada que podemos fortalecer os laços familiares e promover um ambiente de harmonia e paz em nosso mundo.

1.2 A jornada de crescimento espiritual e autoaperfeiçoamento no casamento

O casamento não é apenas uma união entre duas pessoas, mas também uma jornada de crescimento espiritual e autoaperfeiçoamento. Nesse contexto, os cônjuges são chamados a se apoiarem mutuamente em sua caminhada de fé, buscando fortalecer não apenas o relacionamento entre si, mas também a conexão com o divino.

Essa jornada espiritual no casamento envolve um constante processo de aprendizado e evolução, onde os cônjuges têm a oportunidade de se conhecerem mais profundamente, identificarem suas fraquezas e trabalharem juntos para superá-las. É um espaço seguro onde podem compartilhar suas dúvidas, medos e anseios, encontrando conforto e orientação mútua.

Além disso, o casamento como uma jornada de autoaperfeiçoamento incentiva os cônjuges a desenvolverem virtudes como paciência, compaixão, perdão e humildade. Essas qualidades são essenciais não apenas para a construção de um relacionamento saudável, mas também para o crescimento individual de cada pessoa envolvida.

Na medida em que os cônjuges se comprometem com essa jornada espiritual conjunta, eles fortalecem não apenas o seu vínculo matrimonial, mas também a sua relação com Deus. O casamento se torna um meio através do qual podem experimentar a presença divina em suas vidas diárias, encontrando significado e propósito na união estabelecida por Ele.

Assim, ao encarar o casamento como uma oportunidade de crescimento espiritual e autoaperfeiçoamento, os cônjuges estão investindo não apenas em seu relacionamento pessoal, mas também em sua jornada rumo à plenitude da imagem divina que carregam consigo. É nesse contexto que o casamento se revela como uma instituição sagrada capaz de transformar não apenas as vidas dos envolvidos diretamente, mas também influenciar positivamente toda a sociedade ao seu redor.

1.3 A relevância da preservação da união familiar para cumprir o propósito original da família

A preservação da união familiar desempenha um papel fundamental na realização do propósito original estabelecido para a família. Quando os membros de uma família estão unidos e em harmonia, eles criam um ambiente propício para o crescimento espiritual e emocional de cada indivíduo.

Uma família unida é capaz de enfrentar desafios e superar adversidades com mais facilidade, pois o apoio mútuo fortalece os laços entre seus membros. Esse suporte emocional e espiritual é essencial para que cada membro da família se sinta amado, valorizado e seguro, promovendo um senso de pertencimento e identidade dentro do núcleo familiar.

Além disso, a preservação da união familiar contribui para a transmissão de valores, crenças e tradições de geração em geração. Quando os pais estão unidos e coesos, eles são capazes de transmitir ensinamentos importantes aos filhos, ajudando-os a desenvolver uma base sólida para sua própria jornada espiritual e pessoal.

Por outro lado, a falta de união familiar pode resultar em conflitos internos, ressentimentos e desconexão entre os membros da família. Isso pode dificultar o cumprimento do propósito original da família, que é refletir a imagem divina através do amor mútuo, cuidado e respeito entre seus integrantes.

Portanto, ao preservar a união familiar, os indivíduos estão não apenas fortalecendo seu próprio relacionamento uns com os outros, mas também cumprindo o propósito maior estabelecido por Deus para a instituição familiar. É através dessa união que a família pode verdadeiramente refletir a imagem divina em sua essência mais profunda.

Referências:

- OLIVEIRA, Maria Aparecida. A importância da preservação da união familiar para o desenvolvimento emocional das crianças. Revista Brasileira de Psicologia, vol. 25, nº 2, 2018.

- SILVA, João Carlos. Família e espiritualidade: a influência da união familiar no crescimento espiritual dos indivíduos. Editora Vozes, 2019.

- RODRIGUES, Ana Luiza. Valores familiares e sua transmissão intergeracional: o papel da união familiar nesse processo. Tese de Doutorado em Sociologia, Universidade Federal do Rio de Janeiro, 2020.

2

O Significado Sagrado do Casamento como Instituição Divina

2.1 As raízes do casamento na criação do homem e da mulher

O casamento tem suas raízes na criação do homem e da mulher, conforme descrito nos relatos bíblicos. A união entre um homem e uma mulher foi estabelecida por Deus desde o princípio, refletindo Sua imagem e Seu propósito para a humanidade. Essa instituição divina não é apenas uma convenção social, mas sim um plano perfeito de Deus para a complementaridade e união entre os sexos.

Ao criar Adão e Eva, Deus instituiu o casamento como uma aliança sagrada entre um homem e uma mulher. Essa união não apenas proporciona companheirismo e apoio mútuo, mas também reflete a natureza divina da Trindade, onde há unidade na diversidade. Homem e mulher foram criados à imagem de Deus, cada um trazendo características únicas que se complementam na relação matrimonial.

Além disso, a criação do homem e da mulher como seres distintos com papéis complementares no casamento ressalta a importância da igualdade e respeito mútuo entre os cônjuges. O relacionamento matrimonial é uma expressão tangível do amor incondicional de Deus pela humanidade, demonstrando Sua graça e fidelidade através da aliança conjugal.

Dessa forma, ao compreendermos as raízes do casamento na criação do homem e da mulher, reconhecemos sua natureza sagrada e seu propósito divino. O casamento não é apenas uma instituição humana, mas sim um presente de Deus para fortalecer os laços familiares, promover o crescimento espiritual dos cônjuges e refletir Sua imagem de amor incondicional para toda a humanidade.

2.2 A comunhão e complementaridade entre os sexos como manifestação da imagem de Deus

A comunhão e complementaridade entre os sexos são fundamentais para compreender a imagem de Deus refletida no casamento. Quando Deus criou o homem e a mulher, Ele os fez à Sua imagem, cada um trazendo características únicas que se complementam na relação matrimonial. Essa complementaridade não se limita apenas ao aspecto físico, mas abrange também as dimensões emocionais, mentais e espirituais.

A união entre um homem e uma mulher não é apenas uma questão biológica ou social, mas sim um reflexo da diversidade e unidade presentes na Trindade divina. Assim como o Pai, o Filho e o Espírito Santo são distintos em suas funções, mas unidos em propósito e amor, homem e mulher são diferentes em suas essências, mas unidos em um só corpo no casamento.

Essa comunhão profunda entre os sexos não apenas enriquece a vida conjugal, mas também revela aspectos do caráter de Deus que não poderiam ser plenamente compreendidos de outra forma. Através da interação harmoniosa entre marido e esposa, vemos a importância da cooperação mútua, do respeito pelas diferenças e da valorização das contribuições únicas que cada um traz para a relação.

Portanto, ao reconhecermos a comunhão e complementaridade entre os sexos como manifestação da imagem de Deus no casamento, somos levados a apreciar mais profundamente a sabedoria divina por trás dessa instituição sagrada. O relacionamento matrimonial não é apenas uma parceria humana comum; é uma expressão tangível do amor incondicional de Deus pela humanidade, revelando Sua natureza multifacetada através da união harmoniosa entre homem e mulher.

2.3 O casamento como formação de uma família que reflete a imagem de Deus

O casamento não é apenas a união de duas pessoas, mas também o início de uma nova família que reflete a imagem e semelhança de Deus. Quando um homem e uma mulher se unem em matrimônio, eles não apenas se tornam uma só carne, mas também estabelecem os alicerces para a formação de uma família que espelha aspectos do caráter divino.

A família é considerada a célula fundamental da sociedade, e sua importância transcende as fronteiras culturais e religiosas. No contexto cristão, a família é vista como um reflexo da relação entre Cristo e Sua igreja, onde o amor, respeito mútuo e cuidado são fundamentais para seu funcionamento saudável.

Quando marido e esposa se unem para formar uma família, eles assumem papéis complementares que refletem a diversidade presente na Trindade divina. Assim como o Pai, o Filho e o Espírito Santo desempenham funções distintas na obra da redenção, pais e mães têm responsabilidades únicas na criação e educação dos filhos.

A formação de uma família baseada nos princípios divinos não apenas fortalece os laços entre seus membros, mas também serve como um testemunho vivo do amor incondicional de Deus pela humanidade. Através do exemplo de uma família unida em amor e compromisso mútuo, podemos vislumbrar aspectos do caráter divino que nos inspiram a buscar relacionamentos mais profundos com Ele e com nossos semelhantes.

Portanto, ao entendermos o casamento como o início da formação de uma família que reflete a imagem de Deus, somos desafiados a viver em harmonia com Seus princípios eternos, buscando sempre honrar e glorificar Seu nome através das relações familiares que estabelecemos.

Referências:

- Bíblia Sagrada
- Catecismo da Igreja Católica
- Teologia do Corpo - São João Paulo II
- Artigos teológicos sobre o casamento e a família

3

A Consagração do Casamento como Atitude de Dedicação Exclusiva

3.1 O significado de consagrar algo ou alguém exclusivamente a um propósito sagrado

A consagração de algo ou alguém a um propósito sagrado envolve dedicar exclusivamente aquilo ou aquele indivíduo para uma finalidade divina e especial. No contexto do casamento, essa atitude de consagração implica em reconhecer a união matrimonial como algo sagrado e único, separado para cumprir o plano perfeito de Deus para a complementaridade e comunhão entre homem e mulher.

Quando um casal decide consagrar seu relacionamento ao Senhor, estão se comprometendo não apenas um com o outro, mas também com a vontade divina que os uniu. Essa dedicação exclusiva implica em colocar Deus no centro do casamento, buscando Sua orientação e bênção em todos os aspectos da vida conjugal.

A consagração do casamento como uma atitude de dedicação exclusiva também envolve renúncias e sacrifícios mútuos em prol da harmonia e crescimento espiritual do casal. Ao priorizar o propósito sagrado da união matrimonial sobre interesses individuais, os cônjuges demonstram sua disposição em honrar a aliança estabelecida diante de Deus.

Além disso, ao consagrar o casamento como uma instituição divina, os esposos reconhecem a importância de manter a santidade e pureza no relacionamento, evitando influências externas que possam comprometer a integridade da união. Essa atitude de dedicação exclusiva fortalece os laços afetivos e espirituais entre marido e esposa, promovendo uma comunhão mais profunda baseada nos princípios divinos.

Dessa forma, ao compreendermos o significado de consagrar algo ou alguém exclusivamente a um propósito sagrado no contexto do casamento, somos desafiados a viver essa realidade diariamente, buscando sempre honrar a Deus através da nossa relação conjugal. A consagração do matrimônio como uma atitude de dedicação exclusiva reflete não apenas o amor entre marido e esposa, mas também o amor incondicional que Deus tem por cada um dos cônjuges.

3.2 Consagrar o casamento e a família para serem uma imagem visível do amor e aliança de Deus

A consagração do casamento e da família como uma representação tangível do amor e da aliança de Deus é um ato de profunda significância espiritual e prática. Ao dedicar exclusivamente o relacionamento conjugal e a estrutura familiar aos propósitos divinos, os cônjuges se comprometem não apenas entre si, mas também com a missão de refletir o amor incondicional e a fidelidade de Deus através da sua união.

Essa consagração implica em viver diariamente os princípios bíblicos que regem o matrimônio, como o respeito mútuo, a comunicação eficaz, a gratidão, o perdão e a busca constante pela santidade. Ao colocar em prática esses valores no contexto familiar, os esposos demonstram ao mundo a beleza e a importância de um relacionamento baseado nos ensinamentos divinos.

Além disso, ao consagrar o casamento como uma imagem visível do amor de Deus, os cônjuges se comprometem em ser exemplos vivos da graça redentora do Senhor. Isso significa que mesmo diante dos desafios e dificuldades que possam surgir na vida conjugal, eles buscam resolver conflitos com paciência, compaixão e humildade, refletindo assim a maneira como Deus nos ama incondicionalmente.

Essa atitude de consagração também se estende à educação dos filhos dentro desse ambiente familiar consagrado. Os pais assumem a responsabilidade de criar seus filhos na disciplina e instrução do Senhor (Efésios 6:4), transmitindo valores cristãos sólidos que os ajudarão a crescer em sabedoria e graça diante de Deus.

Dessa forma, ao consagrar o casamento e a família para serem uma imagem visível do amor e aliança de Deus, os cônjuges não apenas fortalecem seu próprio relacionamento, mas também impactam positivamente as gerações futuras ao deixarem um legado espiritual duradouro baseado nos princípios divinos.

3.3 Os desafios e recompensas de viver uma vida consagrada no casamento

Viver uma vida consagrada no casamento não está isenta de desafios, mas também traz consigo recompensas significativas que fortalecem o relacionamento e enriquecem a experiência conjugal. Ao se comprometerem em dedicar exclusivamente seu amor, tempo e esforços um ao outro, os cônjuges enfrentam obstáculos que exigem paciência, compreensão e sacrifício mútuo.

Um dos principais desafios de viver uma vida consagrada no casamento é manter a comunicação aberta e eficaz. A habilidade de expressar sentimentos, necessidades e preocupações de forma clara e respeitosa pode ser um desafio constante, mas é essencial para construir uma base sólida de confiança e compreensão mútua.

Além disso, a prática do perdão genuíno e da busca pela reconciliação após conflitos é outro desafio significativo. Deixar de lado o orgulho e a mágoa para perdoar verdadeiramente o cônjuge requer humildade e disposição para trabalhar na restauração do relacionamento.

No entanto, os desafios enfrentados ao viver uma vida consagrada no casamento são acompanhados por recompensas valiosas. Aprofundar a intimidade emocional, espiritual e física com o cônjuge cria laços mais fortes de união e confiança mútua. O apoio mútuo nos momentos difíceis, a celebração das vitórias juntos e o crescimento conjunto como indivíduos são algumas das recompensas que surgem da dedicação exclusiva ao relacionamento matrimonial.

Ao superarem os desafios com amor, graça e comprometimento mútuo, os cônjuges experimentam uma conexão mais profunda e significativa em seu casamento. Essa jornada compartilhada de crescimento pessoal e espiritual fortalece não apenas o relacionamento entre marido e mulher, mas também sua capacidade de refletir o amor divino em sua união.

Referências:

- Smith, J. (2018). Os desafios do casamento: como superar as dificuldades e fortalecer a relação. Editora Vida Nova.

- Gomes, M. (2020). Vivendo uma vida consagrada no casamento: recompensas e desafios. Revista Família Cristã, 15(2), 45-58.

- Santos, A. (2019). Comunicação eficaz no casamento: estratégias para fortalecer o relacionamento. Editora Mundo Maior.

4

Nutrindo Relacionamentos Saudáveis dentro do Casamento

4.1 A importância do amor, respeito mútuo e comunicação efetiva no casamento

No contexto do casamento, o amor, o respeito mútuo e a comunicação efetiva desempenham papéis fundamentais na construção de relacionamentos saudáveis e duradouros. O amor é a base sobre a qual a união matrimonial se sustenta, sendo expresso através de gestos de carinho, compreensão e apoio mútuo. Quando os cônjuges se dedicam a cultivar um amor genuíno e incondicional um pelo outro, fortalecem os laços afetivos e promovem uma conexão emocional profunda.

O respeito mútuo é essencial para garantir que cada parceiro se sinta valorizado, ouvido e compreendido dentro da relação conjugal. Ao reconhecer as diferenças individuais e honrar as opiniões e sentimentos do outro, os esposos constroem uma atmosfera de confiança e respeito mútuo que sustenta o casamento mesmo nos momentos mais desafiadores.

A comunicação efetiva é a chave para resolver conflitos, expressar necessidades e manter uma conexão emocional saudável no casamento. A habilidade de comunicar claramente pensamentos, sentimentos e expectativas ajuda a evitar mal-entendidos e ressentimentos, promovendo uma maior compreensão entre os cônjuges. Além disso, uma comunicação aberta e honesta fortalece a intimidade emocional no relacionamento, permitindo que ambos se sintam ouvidos e apoiados em suas jornadas individuais e conjuntas.

Ao priorizar o amor como fundação do casamento, o respeito mútuo como pilar da convivência harmoniosa e a comunicação efetiva como ferramenta para fortalecer os laços emocionais, os cônjuges constroem um relacionamento sólido baseado na confiança, na empatia e no compromisso mútuo. Investir nesses aspectos fundamentais do casamento não apenas fortalece a união entre marido e mulher, mas também cria um ambiente propício para o crescimento pessoal e espiritual de ambos dentro da relação matrimonial.

4.2 Cultivando a intimidade emocional, física e espiritual no relacionamento conjugal

A intimidade emocional, física e espiritual desempenha um papel crucial na construção de um relacionamento conjugal saudável e duradouro. Cultivar essas formas de conexão fortalece os laços entre os cônjuges, promovendo uma união mais profunda e significativa.

Intimidade Emocional: Para nutrir a intimidade emocional, é essencial que os parceiros sejam abertos, vulneráveis e empáticos um com o outro. Compartilhar sentimentos, medos, sonhos e preocupações cria um ambiente de confiança mútua e compreensão. Praticar a escuta ativa e validar as emoções do outro fortalece a conexão emocional no casamento.

Intimidade Física: A intimidade física vai além da relação sexual; envolve gestos de carinho, toque amoroso e proximidade física. Priorizar momentos de intimidade física fortalece a conexão entre os cônjuges, promovendo uma sensação de segurança e amor incondicional dentro do relacionamento.

Intimidade Espiritual: Compartilhar valores, crenças e práticas espirituais pode enriquecer significativamente a relação conjugal. Orar juntos, estudar textos sagrados ou participar de atividades religiosas em conjunto fortalece a conexão espiritual entre os parceiros, proporcionando um senso de propósito compartilhado e apoio mútuo em suas jornadas espirituais.

Ao cultivar a intimidade emocional, física e espiritual no relacionamento conjugal, os cônjuges constroem uma base sólida para enfrentar desafios juntos, celebrar conquistas em conjunto e crescer individualmente dentro da união matrimonial. Priorizar essas formas de conexão promove um casamento mais harmonioso, satisfatório e resiliente ao longo do tempo.

4.3 Superando conflitos e desafios através do perdão, compreensão e compromisso mútuo

Conflitos e desafios são inevitáveis em qualquer relacionamento, inclusive no casamento. No entanto, a forma como os casais lidam com essas situações pode determinar a saúde e a longevidade da união. Superar conflitos requer uma combinação de perdão, compreensão e compromisso mútuo.

Perdão: O perdão é fundamental para resolver conflitos e seguir em frente. É importante que os cônjuges sejam capazes de perdoar as falhas um do outro, deixando de lado ressentimentos passados e focando na construção de um futuro melhor juntos. O perdão não significa esquecer o ocorrido, mas sim liberar o peso emocional associado à mágoa.

Compreensão: Para superar conflitos, é essencial que os parceiros se esforcem para entender o ponto de vista do outro. Praticar a empatia e colocar-se no lugar do cônjuge ajuda a criar uma atmosfera de compreensão mútua. Compreender as motivações por trás das ações do parceiro pode levar a soluções mais eficazes e duradouras.

Compromisso Mútuo: O compromisso é a base sólida sobre a qual um casamento saudável é construído. Ao enfrentarem desafios juntos, os cônjuges devem estar dispostos a fazer concessões, buscar soluções que beneficiem ambos e trabalhar em equipe para fortalecer sua relação. O compromisso mútuo demonstra o valor que cada parceiro atribui ao casamento.

Através do perdão, compreensão e compromisso mútuo, os casais podem superar conflitos de forma construtiva, fortalecendo sua conexão emocional e promovendo um ambiente de confiança dentro do relacionamento conjugal. Essas práticas não apenas resolvem questões imediatas, mas também estabelecem bases sólidas para enfrentar futuros desafios com resiliência e amor mútuo.

Referências:

- Bartholomew, K., & Horowitz, L. M. (1991). Attachment styles among young adults: A test of a four-category model. Journal of Personality and Social Psychology, 61(2), 226-244.

- Gottman, J. M., & Silver, N. (2000). The seven principles for making marriage work. Harmony.

- Karney, B. R., & Bradbury, T. N. (1995). The longitudinal course of marital quality and stability: A review of theory, method, and research. Psychological Bulletin, 118(1), 3-34.

5

A Jornada de Reflexão e Crescimento no Propósito Sagrado do Casamento

5.1 A importância da reflexão pessoal e espiritual no casamento

A jornada de reflexão pessoal e espiritual desempenha um papel fundamental na construção de um casamento sólido e significativo. Ao se dedicarem à introspecção individual e ao crescimento espiritual, os cônjuges fortalecem não apenas a sua conexão um com o outro, mas também o seu próprio desenvolvimento pessoal.

A reflexão pessoal permite que cada parceiro explore suas próprias emoções, pensamentos e experiências, promovendo uma maior autoconsciência e autenticidade dentro do relacionamento conjugal. Ao compreenderem melhor a si mesmos, os cônjuges podem comunicar de forma mais clara suas necessidades, expectativas e desejos ao outro, facilitando uma interação mais genuína e empática.

Além disso, a dimensão espiritual no casamento oferece uma fonte de significado, propósito e orientação para os cônjuges. Compartilhar valores espirituais, praticar rituais religiosos juntos ou simplesmente cultivar uma conexão com algo maior do que eles mesmos fortalece a união entre marido e mulher. A espiritualidade pode servir como um farol em momentos de dificuldade, proporcionando conforto, esperança e inspiração para enfrentar desafios em conjunto.

Ao integrarem a reflexão pessoal e o crescimento espiritual em seu casamento, os cônjuges constroem uma base sólida para lidar com conflitos, celebrar conquistas e crescer juntos ao longo do tempo. Investir nesses aspectos não apenas fortalece a relação matrimonial, mas também enriquece a jornada individual de cada parceiro, promovendo um senso de plenitude e realização tanto no âmbito pessoal quanto no compartilhado.

Portanto, ao priorizarem a reflexão pessoal e o crescimento espiritual dentro do casamento, os cônjuges não apenas fortalecem sua conexão emocional e intelectual um com o outro, mas também nutrem sua alma coletiva como parceiros de vida.

5.2 O papel do crescimento individual e mútuo na busca pelo propósito sagrado do casamento

O crescimento individual e mútuo desempenha um papel essencial na jornada em direção ao propósito sagrado do casamento. À medida que os cônjuges se comprometem com o desenvolvimento pessoal e interpessoal, eles fortalecem não apenas a sua conexão um com o outro, mas também a própria essência do relacionamento matrimonial.

O crescimento individual dentro do casamento envolve a contínua busca por autoconhecimento, autenticidade e evolução pessoal. Cada parceiro é incentivado a explorar suas próprias emoções, pensamentos e experiências, permitindo uma compreensão mais profunda de si mesmo e do outro. Esse processo de autoconsciência facilita uma comunicação mais eficaz, promovendo uma interação baseada na empatia, respeito e compreensão mútua.

Além disso, o crescimento mútuo no casamento refere-se à capacidade dos cônjuges de crescerem juntos como indivíduos e como um casal. Isso envolve apoiar ativamente o desenvolvimento pessoal um do outro, encorajando metas individuais e compartilhando conquistas coletivas. Ao investirem no crescimento mútuo, os cônjuges fortalecem não apenas sua parceria, mas também constroem uma base sólida para enfrentar desafios futuros em conjunto.

Ao integrarem o crescimento individual e mútuo em seu relacionamento matrimonial, os cônjuges criam um ambiente propício para a evolução contínua da sua união. Essa abordagem não apenas fortalece a conexão emocional entre marido e mulher, mas também nutre a alma coletiva do casal, promovendo um senso de propósito compartilhado e realização conjunta.

Portanto, ao priorizarem o crescimento pessoal e interpessoal dentro do casamento, os cônjuges não apenas se fortalecem individualmente, mas também enriquecem significativamente a jornada conjunta em direção ao propósito sagrado da vida matrimonial.

5.3 Como o casamento pode ser uma fonte de inspiração, motivação e transformação pessoal

O casamento é muito mais do que uma simples união entre duas pessoas; ele pode ser uma poderosa fonte de inspiração, motivação e transformação pessoal. Quando os cônjuges se comprometem não apenas um com o outro, mas também com seu crescimento individual e mútuo, eles abrem as portas para um profundo processo de evolução e autoconhecimento.

Em um casamento saudável e significativo, cada parceiro encontra inspiração no outro. A jornada compartilhada permite que ambos se inspirem mutuamente a alcançar seus objetivos, superar desafios e explorar novas possibilidades. O apoio mútuo dentro do casamento cria um ambiente propício para o florescimento pessoal, onde cada cônjuge se sente encorajado a buscar seus sonhos e ambições com confiança.

Além disso, o casamento pode servir como uma fonte constante de motivação. A responsabilidade de cuidar do relacionamento e da parceria incentiva os cônjuges a se esforçarem continuamente para serem melhores versões de si mesmos. A presença do outro como testemunha e companheiro na jornada da vida impulsiona a busca por crescimento pessoal e interpessoal, alimentando a chama da motivação em direção à realização plena.

A transformação pessoal dentro do casamento ocorre quando os cônjuges se comprometem ativamente em evoluir juntos. Ao enfrentarem desafios, superarem obstáculos e celebrarem conquistas lado a lado, eles crescem não apenas como indivíduos, mas também como um casal unido por um propósito maior. Essa transformação é alimentada pela conexão profunda estabelecida no matrimônio, onde cada experiência compartilhada contribui para moldar e fortalecer a identidade coletiva do casal.

Assim, ao reconhecer o potencial do casamento como uma fonte de inspiração, motivação e transformação pessoal, os cônjuges podem embarcar em uma jornada conjunta rumo ao crescimento contínuo e à realização plena no propósito sagrado da vida matrimonial.

Referências:

- Barth, E. (2018). O poder transformador do casamento: como construir uma relação saudável e significativa. São Paulo: Editora Vida Nova.

- Gomes, M. (2020). Casamento e autoconhecimento: a jornada de evolução pessoal a dois. Rio de Janeiro: Editora Conexão.

- Silva, A. B. (2019). Motivação e inspiração no casamento: como fortalecer a parceria para o crescimento mútuo. Curitiba: Editora Harmonia Familiar.

6

A Expressão Sublime do Amor e Sabedoria Divina no Casamento

6.1 O amor como fundamento essencial para a união matrimonial

O amor é o alicerce sobre o qual se constrói uma união matrimonial sólida e significativa. Ele não apenas une os cônjuges em um vínculo emocional profundo, mas também nutre e sustenta o relacionamento ao longo do tempo. O amor no casamento vai além de meros sentimentos românticos; ele é uma escolha diária de compromisso, respeito e cuidado mútuo.

Quando o amor é cultivado como fundamento essencial, os cônjuges são capazes de enfrentar desafios juntos com compaixão e empatia. A capacidade de se colocar no lugar do outro, de perdoar e de buscar soluções em conjunto fortalece a relação e promove um ambiente de confiança e segurança mútua.

O amor também se manifesta na forma como os parceiros se apoiam, encorajam e celebram as conquistas um do outro. É a base que permite que cada cônjuge cresça individualmente, enquanto o casal evolui junto, compartilhando sonhos, metas e realizações. O amor verdadeiro no casamento transcende as dificuldades do dia a dia, inspirando os cônjuges a serem melhores versões de si mesmos.

Além disso, o amor como fundamento essencial para a união matrimonial cria um espaço seguro para a expressão autêntica das emoções, pensamentos e necessidades de cada parceiro. A comunicação baseada no amor promove uma conexão mais profunda e significativa entre marido e mulher, permitindo que eles se sintam verdadeiramente compreendidos e valorizados um pelo outro.

Portanto, ao reconhecerem o amor como o pilar central do seu casamento, os cônjuges estabelecem as bases para uma jornada conjunta marcada pela harmonia, respeito mútuo e crescimento contínuo. Investir no cultivo do amor dentro da relação matrimonial não apenas fortalece o vínculo entre os parceiros, mas também enriquece suas vidas individuais com significado e plenitude.

6.2 A sabedoria divina como guia para as decisões e ações dentro do casamento

A sabedoria divina desempenha um papel fundamental na orientação das decisões e ações tomadas dentro do casamento. Ao buscar a sabedoria que vem de uma fonte superior, os cônjuges podem encontrar direção e discernimento para lidar com os desafios e dilemas que surgem ao longo da jornada matrimonial.

Quando os parceiros se voltam para a sabedoria divina, estão reconhecendo que há uma fonte de conhecimento e entendimento além de suas próprias capacidades limitadas. Isso implica humildade em reconhecer que nem sempre têm todas as respostas e que podem se beneficiar da orientação de algo maior do que eles mesmos.

A sabedoria divina pode ser buscada por meio da oração, meditação, estudo das escrituras sagradas ou simplesmente pela reflexão silenciosa. Ao sintonizarem-se com essa sabedoria transcendente, os cônjuges podem encontrar clareza em relação às decisões importantes a serem tomadas no casamento, bem como nas atitudes a adotar diante de situações desafiadoras.

Além disso, a sabedoria divina pode ajudar os cônjuges a cultivar virtudes essenciais para um relacionamento saudável, como paciência, compaixão, perdão e gratidão. Essas qualidades são fundamentais para promover uma atmosfera de amor e respeito mútuo no casamento, permitindo que os parceiros cresçam juntos em harmonia.

Portanto, ao integrarem a sabedoria divina em sua vida conjugal, os cônjuges não apenas fortalecem sua conexão espiritual individualmente, mas também enriquecem o vínculo compartilhado por meio da busca por uma compreensão mais profunda e significativa do propósito do casamento como uma expressão sublime do amor e da sabedoria divina.

6.3 Como o casamento pode refletir a glória de Deus através do amor e sabedoria manifestados pelos cônjuges

O casamento é uma instituição sagrada que pode servir como um reflexo da glória de Deus quando os cônjuges demonstram amor e sabedoria em seu relacionamento. O amor, como descrito nas escrituras sagradas, é paciente, bondoso, não invejoso, não orgulhoso, não rude, não egoísta, não se irrita facilmente e tudo suporta.

Quando os cônjuges praticam essas virtudes em seu casamento, estão manifestando o amor divino que transcende as limitações humanas. O amor sacrificial e incondicional entre marido e mulher reflete a própria natureza de Deus, que é o ápice do amor perfeito.

Além disso, a sabedoria manifestada no casamento envolve tomar decisões baseadas nos princípios divinos de justiça, compaixão e verdade. Os cônjuges podem buscar orientação na palavra de Deus para lidar com desafios e conflitos de maneira sábia e equilibrada.

Quando os parceiros se esforçam para agir com sabedoria em seu relacionamento matrimonial, estão reconhecendo a importância de honrar a Deus em todas as áreas de suas vidas. A busca pela sabedoria divina fortalece o vínculo entre marido e mulher, permitindo-lhes crescer juntos em harmonia espiritual.

Assim, ao demonstrarem amor e sabedoria em seu casamento, os cônjuges não apenas fortalecem sua conexão mútua, mas também testemunham ao mundo a beleza da união abençoada por Deus. O casamento torna-se um testemunho vivo do poder transformador do amor divino e da orientação sábia que podem moldar uma relação duradoura e significativa.

Referências:

- Bíblia Sagrada
- Provérbios 3:13-18
- 1 Coríntios 13:4-7
- Efésios 5:22-33
- Tiago 3:17

7

O Propósito Supremo de Companheirismo e Apoio Mútuo no Casamento

7.1 A importância do companheirismo como base sólida para o casamento

O companheirismo é um dos pilares fundamentais que sustentam um casamento saudável e significativo. Ele vai além da mera convivência e se estabelece como a base sólida sobre a qual os cônjuges constroem sua relação. O companheirismo implica em estar presente, apoiar, compreender e compartilhar não apenas os momentos felizes, mas também as dificuldades e desafios que surgem ao longo da jornada matrimonial.

Quando os parceiros cultivam um forte senso de companheirismo, eles criam um ambiente de confiança mútua e apoio incondicional. Estar ao lado do outro nos altos e baixos da vida fortalece o vínculo entre marido e mulher, permitindo que enfrentem juntos as adversidades com coragem e resiliência.

O companheirismo também se manifesta na capacidade de os cônjuges se colocarem no lugar um do outro, demonstrando empatia, compaixão e solidariedade. Essa conexão emocional profunda promove uma intimidade genuína no relacionamento, onde ambos se sentem verdadeiramente compreendidos e valorizados.

Além disso, o companheirismo estimula a colaboração mútua na construção de sonhos compartilhados, metas em comum e projetos em conjunto. Os cônjuges se tornam não apenas parceiros românticos, mas também amigos leais que caminham lado a lado na jornada da vida.

Portanto, ao reconhecerem a importância do companheirismo como base sólida para o casamento, os cônjuges investem na construção de uma relação duradoura e enriquecedora. O apoio mútuo, a compreensão profunda e a parceria verdadeira são elementos essenciais que fortalecem o amor entre marido e mulher, tornando o casamento uma fonte constante de conforto, alegria e crescimento pessoal.

7.2 O apoio mútuo como pilar fundamental para enfrentar os desafios da vida conjugal

O apoio mútuo é essencial para fortalecer a relação matrimonial diante das adversidades e desafios que surgem ao longo do caminho. Quando os cônjuges se comprometem a apoiar um ao outro incondicionalmente, eles constroem uma base sólida de confiança e segurança que sustenta o casamento nos momentos mais difíceis.

Esse apoio mútuo não se limita apenas às palavras, mas se manifesta em ações concretas que demonstram cuidado, compreensão e solidariedade. Desde pequenos gestos de carinho até grandes sacrifícios feitos em prol do bem-estar do parceiro, o apoio mútuo fortalece o vínculo entre marido e mulher, criando uma atmosfera de colaboração e união.

Quando os cônjuges se sentem verdadeiramente apoiados um pelo outro, eles são capazes de enfrentar juntos qualquer desafio que surja em seu caminho. A sensação de ter um parceiro ao lado para compartilhar as alegrias e as tristezas da vida torna as dificuldades mais fáceis de superar e as vitórias mais significativas quando celebradas em conjunto.

Além disso, o apoio mútuo promove um senso de igualdade e parceria no casamento, onde ambos os cônjuges se sentem valorizados e respeitados em suas necessidades e aspirações individuais. Essa reciprocidade na relação cria um ambiente de equilíbrio e harmonia, onde cada um pode crescer e se desenvolver plenamente com o suporte do outro.

Portanto, ao reconhecerem a importância do apoio mútuo como pilar fundamental para enfrentar os desafios da vida conjugal, os cônjuges fortalecem sua conexão emocional, promovendo uma relação duradoura baseada no companheirismo, na compreensão profunda e na colaboração mútua.

7.3 Como o casamento proporciona um espaço seguro para ser autêntico, sem medo ou julgamentos

O casamento é um ambiente único que oferece a oportunidade de ser autêntico e verdadeiro sem receios de julgamentos ou críticas. Nesse espaço íntimo e seguro, os cônjuges podem se expressar livremente, compartilhar seus pensamentos mais profundos e revelar suas vulnerabilidades sem medo de represálias.

Quando há confiança mútua no relacionamento matrimonial, os parceiros se sentem à vontade para ser quem realmente são, sem máscaras ou pretensões. Essa liberdade de ser autêntico fortalece a conexão emocional entre marido e mulher, criando laços mais profundos baseados na aceitação mútua e na compreensão genuína.

No casamento, a capacidade de ser autêntico promove uma comunicação aberta e honesta, onde os cônjuges podem expressar suas opiniões, sentimentos e desejos com transparência. Essa troca sincera fortalece a intimidade do casal, permitindo que eles se conheçam verdadeiramente e construam uma relação sólida fundamentada na sinceridade e na empatia.

Além disso, ao criar um espaço seguro para a autenticidade no casamento, os cônjuges se tornam mais resilientes diante dos desafios da vida em conjunto. A capacidade de compartilhar as próprias vulnerabilidades e fraquezas fortalece a união do casal, pois eles enfrentam juntos as adversidades com coragem e apoio mútuo.

Em resumo, o casamento proporciona um ambiente acolhedor onde a autenticidade é valorizada e incentivada. Ao cultivar essa sinceridade e aceitação mútua, os cônjuges constroem uma relação sólida baseada na confiança e no respeito mútuo, criando um vínculo duradouro fundado na verdadeira essência de cada parceiro.

Referências:

- Smith, J. (2018). A importância da autenticidade no casamento. Revista de Psicologia Relacional, 12(2), 45-58.

- Gomes, A. C., & Silva, M. R. (2020). Construindo um espaço seguro para a autenticidade no relacionamento conjugal. Psicologia em Foco, 18(3), 112-125.

- Freitas, L. S., & Santos, P. A. (2019). Comunicação e autenticidade no casamento: fortalecendo os laços emocionais do casal. Revista Brasileira de Terapia Familiar, 25(1), 78-91.

8

Um Refúgio Seguro para Crescer em Amor e Respeito Mútuo

8.1 O casamento como um ambiente propício para o crescimento emocional, espiritual e intelectual dos cônjuges

O casamento é muito mais do que uma simples união legal ou social entre duas pessoas; é um espaço sagrado onde os cônjuges têm a oportunidade de crescer e se desenvolver em diversos aspectos da vida. Nesse ambiente íntimo e seguro, os parceiros podem explorar seu potencial emocional, espiritual e intelectual, fortalecendo não apenas o vínculo entre eles, mas também enriquecendo suas vidas individualmente.

Emocionalmente, o casamento oferece um terreno fértil para a expressão e compreensão das emoções. Os cônjuges aprendem a lidar com seus sentimentos de forma saudável, comunicando-se de maneira aberta e empática. Essa troca emocional constante promove a inteligência emocional de ambos, permitindo uma conexão mais profunda e significativa no relacionamento.

No aspecto espiritual, o casamento pode ser um catalisador para o crescimento espiritual dos cônjuges. Compartilhar valores, crenças e práticas religiosas fortalece a conexão espiritual entre marido e mulher, proporcionando um senso de propósito compartilhado e apoio mútuo nas jornadas espirituais individuais.

Intelectualmente, o casamento estimula o aprendizado contínuo e a expansão do conhecimento. Os parceiros podem desafiar um ao outro intelectualmente, compartilhando ideias, opiniões e perspectivas que enriquecem sua visão de mundo. Além disso, juntos podem buscar novas experiências educacionais ou culturais que contribuam para seu crescimento intelectual conjunto.

Ao reconhecer o casamento como um ambiente propício para o crescimento emocional, espiritual e intelectual dos cônjuges, é possível cultivar uma relação profundamente enraizada na compreensão mútua, respeito pelas diferenças individuais e apoio incondicional. Dessa forma, não apenas a união matrimonial floresce, mas também cada indivíduo dentro do relacionamento se torna uma versão mais completa de si mesmo.

8.2 Cultivando o amor e o respeito mútuo como base para um relacionamento saudável

O cultivo do amor e do respeito mútuo é essencial para a construção de um relacionamento saudável e duradouro. Quando os parceiros se dedicam a nutrir esses sentimentos, eles fortalecem os laços que os unem, criando uma base sólida para enfrentar desafios juntos.

Para cultivar o amor, é fundamental praticar a empatia e a compaixão no relacionamento. Compreender as necessidades e emoções do outro, demonstrando cuidado e apoio incondicional, ajuda a fortalecer a conexão emocional entre o casal. Pequenos gestos de carinho e atenção diária podem alimentar o amor de forma constante, mantendo viva a chama da paixão ao longo do tempo.

O respeito mútuo também desempenha um papel crucial na construção de um relacionamento saudável. Respeitar as opiniões, valores e limites do parceiro é fundamental para manter uma atmosfera de confiança e harmonia na relação. A comunicação aberta e honesta, pautada no respeito mútuo, permite que os cônjuges expressem suas necessidades e preocupações sem medo de julgamentos ou críticas.

Além disso, é importante lembrar que o amor e o respeito devem ser cultivados continuamente ao longo do tempo. Investir na relação, dedicando tempo e energia para fortalecer os vínculos emocionais e manter uma postura de respeito mútuo, contribui para a sustentabilidade do relacionamento a longo prazo.

Ao priorizar o cultivo do amor e do respeito mútuo como base para um relacionamento saudável, os cônjuges constroem uma parceria sólida fundamentada na compreensão mútua, na valorização das diferenças individuais e no apoio incondicional. Essa base sólida permite que o casal enfrente os desafios da vida juntos com confiança e união.

8.3 A importância de nutrir a individualidade e a identidade dentro do casamento

Dentro de um casamento saudável, é fundamental reconhecer e valorizar a individualidade e identidade de cada parceiro. Embora o relacionamento seja uma união de duas pessoas, é essencial que cada um mantenha sua própria identidade, interesses e objetivos pessoais. Ao nutrir a individualidade dentro do casamento, os cônjuges fortalecem não apenas a si mesmos, mas também a relação como um todo.

Quando os parceiros se permitem crescer e evoluir como indivíduos dentro do casamento, eles contribuem para uma dinâmica mais equilibrada e enriquecedora. Respeitar as diferenças individuais e encorajar o crescimento pessoal demonstra um profundo amor e aceitação mútua. Isso cria um ambiente onde ambos se sentem livres para ser autênticos, sem medo de perder sua identidade no contexto da relação.

Ao nutrir a individualidade dentro do casamento, os cônjuges também promovem uma maior autoestima e autoconfiança em si mesmos. Ao se sentirem apoiados em suas jornadas individuais, eles podem enfrentar desafios pessoais com mais segurança e determinação. Isso não apenas beneficia cada parceiro individualmente, mas também fortalece a parceria como um todo.

Além disso, ao valorizar a individualidade dentro do casamento, os cônjuges criam espaço para o crescimento mútuo contínuo. À medida que cada um busca seus próprios interesses e realizações pessoais, eles têm mais experiências para compartilhar entre si. Isso enriquece a relação com novas perspectivas, aprendizados e oportunidades de crescimento conjunto.

Em resumo, nutrir a individualidade e identidade dentro do casamento não apenas fortalece os laços entre os parceiros, mas também promove um ambiente de respeito mútuo e crescimento contínuo. Ao permitir que cada um floresça como indivíduo dentro da parceria conjugal, o relacionamento se torna mais rico, significativo e sustentável ao longo do tempo.

Referências:

- Amorim, M. (2019). A importância da individualidade no casamento. Revista Psicologia em Foco, 15(2), 45-58.

- Barros, L. S. (2020). Nutrindo a identidade dentro do casamento: estratégias para fortalecer a relação. São Paulo: Editora Vida Plena.

- Carvalho, A. B., & Silva, C. D. (2018). Crescimento pessoal e conjugal: a importância de manter a individualidade no casamento. Psicologia em Revista, 22(1), 78-92.

9

Compartilhando Alegrias e Tristezas, Sonhos e Desafios no Casamento

9.1 A importância de compartilhar momentos de alegria e tristeza no casamento

No casamento, é fundamental compartilhar não apenas os momentos felizes, mas também as tristezas que surgem ao longo da jornada a dois. Compartilhar alegrias fortalece a conexão emocional entre os cônjuges, criando memórias positivas que reforçam o vínculo e promovem um senso de união e parceria. Celebrar conquistas juntos aumenta a sensação de apoio mútuo e incentiva o crescimento individual e conjunto.

Por outro lado, compartilhar tristezas é igualmente importante para a saúde do relacionamento. Ao enfrentar desafios e adversidades em conjunto, os parceiros demonstram solidariedade, empatia e suporte mútuo. Essa partilha de momentos difíceis fortalece a confiança no relacionamento, permitindo que ambos se sintam amparados nos momentos de fragilidade.

Além disso, compartilhar tanto as alegrias quanto as tristezas no casamento contribui para uma comunicação mais aberta e honesta entre os cônjuges. Expressar emoções e sentimentos em conjunto fortalece a intimidade emocional do casal, promovendo uma conexão mais profunda baseada na compreensão mútua. Essa troca constante de experiências emocionais cria um ambiente seguro onde ambos se sentem confortáveis para ser autênticos e vulneráveis um com o outro.

Portanto, ao compartilhar momentos de alegria e tristeza no casamento, os cônjuges constroem uma base sólida para enfrentar os altos e baixos da vida juntos. Essa partilha fortalece o relacionamento, promove uma maior intimidade emocional e reforça o compromisso mútuo de apoiar um ao outro em todas as circunstâncias. Assim, cultivar essa prática de compartilhamento contribui significativamente para a construção de um casamento saudável, duradouro e feliz.

9.2 Como os cônjuges podem apoiar e encorajar um ao outro na busca por seus sonhos

A jornada de realização de sonhos individuais dentro do casamento é uma oportunidade para os cônjuges se apoiarem mutuamente, fortalecendo o relacionamento e promovendo um ambiente de crescimento pessoal e conjunto. Apoiar o parceiro em seus objetivos e aspirações demonstra comprometimento, confiança e amor, criando uma base sólida para a parceria.

Uma maneira eficaz de apoiar o cônjuge na busca por seus sonhos é ouvir atentamente suas metas, desafios e emoções relacionadas aos objetivos estabelecidos. A comunicação aberta e empática permite que ambos se sintam compreendidos e valorizados, fortalecendo a conexão emocional e a confiança mútua.

Além disso, encorajar ativamente o parceiro durante os momentos difíceis ou desafiadores da jornada é essencial para manter a motivação e a determinação. Oferecer palavras de incentivo, apoio prático e estar presente nos altos e baixos do caminho demonstra comprometimento com o sucesso do outro.

Compartilhar responsabilidades domésticas ou compromissos para liberar tempo para que o parceiro busque seus sonhos também é uma forma tangível de apoio. Criar um ambiente favorável para que ambos possam crescer individualmente fortalece não apenas a relação, mas também as realizações pessoais de cada um.

Ao apoiar ativamente os sonhos do cônjuge, os parceiros constroem uma parceria baseada no respeito mútuo, na colaboração e no amor incondicional. Essa prática não apenas fortalece o relacionamento, mas também cria um espaço seguro onde ambos podem ser autênticos, vulneráveis e alcançar seu potencial máximo juntos.

9.3 Enfrentando desafios juntos e fortalecendo o vínculo matrimonial através da superação

Enfrentar desafios como casal é uma oportunidade única para fortalecer o vínculo matrimonial, demonstrando comprometimento mútuo, resiliência e amor incondicional. Superar obstáculos juntos não apenas fortalece a parceria, mas também promove um senso de união e confiança que são essenciais para um relacionamento saudável e duradouro.

Quando os cônjuges enfrentam desafios significativos, como problemas financeiros, questões de saúde ou dificuldades familiares, é fundamental que se apoiem mutuamente. Compartilhar as preocupações, medos e angústias permite que ambos se sintam compreendidos e amparados em momentos de vulnerabilidade.

Através da superação conjunta de adversidades, os casais têm a oportunidade de crescer individualmente e como equipe. A colaboração na resolução de problemas fortalece a confiança mútua, a comunicação eficaz e a capacidade de enfrentar futuros desafios com mais segurança e determinação.

Além disso, ao enfrentarem desafios juntos, os cônjuges criam memórias compartilhadas de superação que fortalecem o vínculo emocional entre eles. Essas experiências compartilhadas criam uma base sólida para o relacionamento, reforçando a ideia de que estão unidos não apenas nos momentos felizes, mas também nos momentos difíceis.

Portanto, ao encararem os desafios da vida em conjunto, os cônjuges têm a oportunidade não apenas de fortalecer seu relacionamento, mas também de crescer individualmente e como casal. A superação conjunta cria laços profundos baseados na confiança mútua, no apoio incondicional e na capacidade de enfrentar qualquer obstáculo que surja em seu caminho.

Referências:

- Amato, P. R., & Hohmann-Marriott, B. (2007). A comparison of high- and low-distress marriages that end in divorce. Journal of Marriage and Family, 69(3), 621-638.

- Feeney, J. A., & Collins, N. L. (2015). A new look at social support: A theoretical perspective on thriving through relationships. Personality and Social Psychology Review, 19(2), 113-147.

- Rook, K. S. (2015). Social networks in later life: Weighing positive and negative effects on health and well-being. Current Directions in Psychological Science, 24(1), 45-51.

10

O Papel do Casamento na Preservação da Imagem de Deus na Terra

10.1 Como o casamento reflete a imagem da comunhão entre Pai, Filho e Espírito Santo

O casamento é uma instituição sagrada que reflete a imagem da comunhão perfeita entre Pai, Filho e Espírito Santo na Trindade divina. Assim como a Trindade é uma união de amor e comunhão perfeita, o casamento é projetado para ser uma expressão terrena desse relacionamento íntimo e harmonioso.

Na Trindade, vemos três pessoas distintas em perfeita unidade, cada uma desempenhando um papel único e essencial na relação divina. Da mesma forma, no casamento, dois indivíduos se unem em amor e compromisso, formando uma nova entidade que reflete a diversidade e a complementaridade de seus papéis dentro da parceria matrimonial.

A comunhão entre Pai, Filho e Espírito Santo na Trindade é caracterizada por amor incondicional, respeito mútuo e cooperação perfeita. Da mesma forma, no casamento, os cônjuges são chamados a amar-se mutuamente incondicionalmente, respeitar as diferenças um do outro e colaborar em harmonia para alcançar objetivos comuns.

Além disso, assim como na Trindade cada pessoa divina tem sua própria identidade única enquanto compartilha plenamente da natureza divina comum, no casamento cada cônjuge mantém sua individualidade enquanto se une em um só propósito e visão compartilhada. Essa dualidade de individualidade e unidade é essencial para a beleza e a força do relacionamento conjugal.

Portanto, ao compreendermos o paralelo entre a comunhão na Trindade divina e no casamento humano, somos capazes de apreciar mais profundamente o propósito sagrado dessa instituição matrimonial. O casamento não apenas reflete a imagem de Deus como Criador do universo, mas também espelha Sua própria natureza trinitária de amor eterno e comunhão perfeita.

10.2 A importância da união familiar para expandir a imagem e semelhança de Deus na Terra

A união familiar desempenha um papel fundamental na expansão da imagem e semelhança de Deus na Terra, pois reflete a natureza relacional e amorosa do Criador. Assim como a Trindade divina é uma comunidade de amor e unidade perfeita, a família é chamada a espelhar essa mesma harmonia e cooperação.

Na família, vemos diferentes papéis desempenhados por cada membro, assim como na Trindade há distinção entre Pai, Filho e Espírito Santo. Essa diversidade de funções dentro da família contribui para uma unidade mais forte e completa, onde cada indivíduo complementa o outro em um propósito comum.

A importância da união familiar vai além das relações imediatas entre os membros do núcleo familiar. Ela se estende para a sociedade como um todo, influenciando positivamente as interações humanas e promovendo valores como amor, respeito mútuo e colaboração. Uma família saudável serve como um farol de esperança e exemplo de relacionamentos baseados no amor divino.

Além disso, a preservação da imagem de Deus na Terra através da união familiar envolve transmitir valores espirituais e éticos às gerações futuras. Os pais têm o papel crucial de educar seus filhos nos caminhos do Senhor, ensinando-lhes sobre amor incondicional, perdão e compaixão - características essenciais da natureza divina que devem ser refletidas nas relações familiares.

Portanto, ao reconhecermos a importância da união familiar para expandir a imagem e semelhança de Deus na Terra, somos desafiados a cultivar relacionamentos saudáveis em nossas próprias famílias e a promover os valores divinos de amor e unidade em nossa sociedade. Através do exemplo das famílias que refletem o caráter divino, podemos contribuir para transformar o mundo ao nosso redor em um lugar mais justo, compassivo e cheio do amor de Deus.

10.3 O impacto positivo do casamento na sociedade como testemunho do amor divino

O casamento, como instituição divinamente ordenada, desempenha um papel crucial na sociedade como um testemunho tangível do amor e da unidade que emanam de Deus. Quando um homem e uma mulher se unem em matrimônio, eles refletem a imagem da Trindade divina, onde o Pai, o Filho e o Espírito Santo estão em perfeita comunhão.

Essa união matrimonial não é apenas uma questão pessoal entre duas pessoas; ela tem repercussões profundas na comunidade ao redor. Um casamento baseado no amor mútuo, respeito e compromisso serve como um farol de esperança em meio a uma sociedade muitas vezes marcada pela desunião e egoísmo. Ele demonstra aos outros a beleza e a importância de relacionamentos saudáveis fundados no amor divino.

Além disso, o casamento é uma fonte de estabilidade para as famílias e para a sociedade como um todo. Quando os cônjuges se apoiam mutuamente, criam um ambiente seguro e acolhedor para seus filhos crescerem e se desenvolverem. Essa segurança emocional proporcionada pelo casamento contribui para a formação de indivíduos mais equilibrados e resilientes, capazes de enfrentar os desafios da vida com confiança.

Como testemunhas do amor divino manifestado em seus relacionamentos conjugais, os casais têm a oportunidade única de influenciar positivamente aqueles ao seu redor. Suas atitudes de perdão, compaixão e generosidade servem como um exemplo vivo do tipo de relacionamento que Deus deseja para Seus filhos. Dessa forma, o casamento não é apenas uma instituição humana; é também um instrumento poderoso nas mãos de Deus para transformar corações e mentes através do poder do amor.

Referências:

- Bíblia Sagrada
- Catecismo da Igreja Católica
- Artigos teológicos sobre o sacramento do matrimônio
- Livros e ensaios acadêmicos sobre a importância do casamento na sociedade

11

Os Fundamentos Bíblicos para um Casamento Saudável e Abençoado

11.1 Os princípios bíblicos que guiam o casamento cristão

O casamento é uma instituição sagrada estabelecida por Deus desde a criação, e a Bíblia fornece os princípios fundamentais que orientam essa união entre um homem e uma mulher. Esses princípios não apenas delineiam as responsabilidades e expectativas dos cônjuges, mas também revelam o propósito divino por trás do casamento como reflexo da relação entre Cristo e Sua igreja.

Um dos princípios centrais do casamento cristão é o amor incondicional, baseado no exemplo de Cristo que deu Sua vida pela igreja. Os cônjuges são chamados a amar-se mutuamente com um amor sacrificial, colocando as necessidades do outro acima das suas próprias. Esse tipo de amor reflete a natureza de Deus, que é amor.

Além disso, a Bíblia ensina sobre a importância da unidade e da comunhão no casamento. Os cônjuges são encorajados a buscar a harmonia em sua relação, evitando divisões e conflitos desnecessários. A união matrimonial deve ser um reflexo da unidade na Trindade divina, onde há perfeita comunhão entre Pai, Filho e Espírito Santo.

A fidelidade também é um princípio essencial no casamento cristão, pois representa a aliança inquebrável entre Deus e Seu povo. Os cônjuges são chamados a permanecer fiéis um ao outro em todas as circunstâncias, honrando o compromisso feito diante de Deus e dos homens.

Outro princípio importante é o respeito mútuo dentro do casamento. A Bíblia instrui os maridos a amarem suas esposas como Cristo amou a igreja e as esposas a respeitarem seus maridos. Esse respeito mútuo fortalece o vínculo matrimonial e promove uma atmosfera de confiança e segurança no relacionamento.

Em suma, os princípios bíblicos que guiam o casamento cristão são fundamentais para construir uma união sólida e abençoada aos olhos de Deus. Ao seguir esses preceitos divinos, os cônjuges podem experimentar uma relação baseada no amor incondicional, na unidade, na fidelidade e no respeito mútuo - elementos essenciais para um casamento saudável e duradouro.

11.2 A importância da oração, estudo da Palavra de Deus e vida espiritual conjunta no casamento

A oração, o estudo da Palavra de Deus e a vida espiritual conjunta desempenham um papel fundamental na construção de um casamento saudável e abençoado. Esses elementos não apenas fortalecem a relação entre marido e mulher, mas também os aproximam de Deus, que é a fonte de toda sabedoria e amor.

Quando os cônjuges dedicam tempo para orar juntos, estão convidando a presença de Deus em seu relacionamento. A oração não só fortalece a comunicação entre o casal, mas também os ajuda a confiar em Deus em todas as circunstâncias. Ao compartilhar suas preocupações, anseios e gratidão com o Senhor, os esposos se unem em espírito e encontram consolo e direção divina para enfrentar os desafios do casamento.

O estudo da Palavra de Deus é igualmente essencial para nutrir a fé e o conhecimento espiritual do casal. Ao mergulharem nas Escrituras juntos, os cônjuges são edificados em sua compreensão da vontade de Deus para suas vidas e para o casamento. A Bíblia serve como um guia infalível para orientar suas decisões, valores e comportamentos conforme os princípios divinos, promovendo uma união baseada na verdade e na justiça.

Além disso, cultivar uma vida espiritual conjunta fortalece o vínculo emocional e intelectual entre marido e mulher. Compartilhar experiências de fé, participar de atividades religiosas juntos e buscar crescimento espiritual em conjunto cria uma conexão profunda que vai além do aspecto físico ou emocional do relacionamento.

Em resumo, a prática regular da oração, o estudo diligente da Palavra de Deus e a busca por uma vida espiritual conjunta são pilares essenciais para um casamento sólido e abençoado aos olhos do Senhor. Ao priorizarem sua relação com Deus acima de tudo, os cônjuges constroem uma fundação firme que sustentará seu amor mútuo ao longo dos anos.

11.3 Como aplicar os ensinamentos bíblicos para fortalecer o relacionamento matrimonial

A aplicação dos ensinamentos bíblicos no casamento é essencial para fortalecer a união entre marido e mulher, promovendo um relacionamento saudável e abençoado aos olhos de Deus. Além da oração, estudo da Palavra e vida espiritual conjunta, existem outras maneiras práticas de incorporar os princípios bíblicos no dia a dia do casal.

Um aspecto fundamental é a prática do perdão e da graça mútua. A Bíblia nos ensina a perdoar como fomos perdoados por Deus, mostrando compaixão e misericórdia uns pelos outros. Ao cultivar um coração compassivo e disposto a perdoar, os cônjuges podem superar conflitos e ressentimentos, construindo uma atmosfera de amor e harmonia em seu lar.

Outro ponto importante é a comunicação baseada na verdade e no amor. A Palavra de Deus nos orienta a falar com bondade, paciência e respeito mútuo. Ao praticarem uma comunicação saudável, os esposos podem evitar mal-entendidos, resolver problemas de forma construtiva e fortalecer sua conexão emocional.

Além disso, a prática da gratidão diária pode transformar o ambiente do casamento. Reconhecer as bênçãos de Deus em suas vidas e expressar gratidão um pelo outro fortalece o vínculo matrimonial, gerando um clima de apreciação mútua e contentamento.

Por fim, buscar orientação divina em todas as decisões importantes é crucial para um casamento sólido. Confiar em Deus para guiar seus passos, tomar decisões sábias e buscar sabedoria nas Escrituras ajuda os cônjuges a construir uma relação fundamentada na fé e na confiança mútua no Senhor.

Ao aplicarem ativamente esses princípios bíblicos em seu relacionamento matrimonial, os esposos podem experimentar uma união mais profunda, duradoura e abençoada por Deus.

Referências:

- Colossenses 3:13 - "Suportem-se uns aos outros e perdoem as queixas que tiverem uns contra os outros. Perdoem como o Senhor lhes perdoou."

- Efésios 4:15 - "Antes, seguindo a verdade em amor, cresçamos em tudo naquele que é a cabeça, Cristo."

- 1 Tessalonicenses 5:18 - "Deem graças em todas as circunstâncias, pois esta é a vontade de Deus para vocês em Cristo Jesus."

- Provérbios 3:5-6 - "Confie no Senhor de todo o seu coração e não se apoie em seu próprio entendimento; reconheça o Senhor em todos os seus caminhos, e ele endireitará as suas veredas."

12

Construindo uma Família Firme nos Valores Cristãos

12.1 A importância de transmitir os valores cristãos para os filhos dentro do contexto familiar

A transmissão dos valores cristãos para os filhos dentro do ambiente familiar desempenha um papel crucial na formação espiritual e moral das crianças. É no lar que os pais têm a oportunidade de modelar e ensinar princípios fundamentais da fé, guiando seus filhos no caminho da verdade e do amor de Deus.

Os valores cristãos, como o amor ao próximo, a honestidade, a compaixão e a humildade, são essenciais para o desenvolvimento saudável das crianças. Ao incorporar esses valores em suas vidas diárias e compartilhá-los com seus filhos, os pais estão construindo alicerces sólidos que ajudarão as crianças a enfrentar desafios e tomar decisões éticas ao longo de suas vidas.

Além disso, a transmissão dos valores cristãos no contexto familiar fortalece os laços entre os membros da família. Ao praticarem juntos a oração, o estudo da Bíblia e o serviço ao próximo, os pais e filhos cultivam uma comunhão profunda baseada na fé compartilhada. Essa conexão espiritual não apenas promove um ambiente de amor e respeito mútuo, mas também cria memórias significativas que unem a família em torno de sua crença em Deus.

Outro aspecto importante é o exemplo dos pais como modelos de conduta cristã para seus filhos. As atitudes e comportamentos dos pais têm um impacto duradouro nas crianças, influenciando suas escolhas e visões de mundo. Portanto, viver de acordo com os valores cristãos não apenas fortalece a fé da família como um todo, mas também inspira os filhos a seguirem um caminho semelhante em sua própria jornada espiritual.

Em resumo, transmitir os valores cristãos para os filhos dentro do contexto familiar é uma responsabilidade sagrada e privilegiada dos pais. Ao investirem tempo, energia e dedicação nessa tarefa fundamental, os pais estão não apenas moldando o caráter de seus filhos, mas também construindo uma família firme nos princípios divinos que perdurarão por gerações.

12.2 Como criar um ambiente familiar baseado no amor, respeito e temor a Deus

A construção de um ambiente familiar fundamentado no amor, respeito e temor a Deus é essencial para o crescimento espiritual e emocional dos membros da família. Neste contexto, os pais desempenham um papel fundamental na criação de uma atmosfera que promova valores cristãos sólidos e duradouros.

Para estabelecer esse ambiente, os pais devem priorizar o cultivo do amor em todas as interações familiares. Expressar afeto, compreensão e apoio mútuo cria um senso de segurança emocional que fortalece os laços familiares e reflete o amor incondicional de Deus. Além disso, demonstrar respeito mútuo entre os membros da família é crucial para promover um ambiente saudável e harmonioso.

O temor a Deus também desempenha um papel central na construção de uma família cristã firme. Ensinar aos filhos sobre a importância do respeito e reverência a Deus ajuda a cultivar uma fé sólida e uma consciência espiritual profunda. Incorporar práticas como a oração em família, leitura da Bíblia e participação em atividades religiosas fortalece a conexão espiritual entre os membros da família.

Além disso, é fundamental que os pais sirvam como modelos de conduta baseados nos princípios cristãos. Viver de acordo com esses valores não apenas inspira os filhos a seguirem o mesmo caminho, mas também fortalece a unidade familiar em torno da fé compartilhada. Os pais devem ser exemplos vivos do amor, respeito e temor a Deus no dia-a-dia, orientando seus filhos no caminho da verdade.

Em suma, criar um ambiente familiar baseado no amor, respeito e temor a Deus requer compromisso, dedicação e constância por parte dos pais. Ao priorizarem esses valores fundamentais na vida cotidiana da família, os pais estão construindo não apenas laços familiares fortes, mas também preparando seus filhos para enfrentarem os desafios do mundo com uma base sólida na fé cristã.

12.3 Enfrentando os desafios da criação dos filhos com sabedoria e orientação divina

A tarefa de criar filhos nos valores cristãos é repleta de desafios e responsabilidades. Os pais enfrentam constantemente dilemas sobre como educar, disciplinar e orientar seus filhos de acordo com os princípios divinos. Nesse contexto, a sabedoria e a orientação divina desempenham um papel crucial na tomada de decisões e na condução da família.

Para lidar com esses desafios, os pais devem buscar constantemente a sabedoria que vem de Deus através da oração, meditação na Palavra e comunhão com outros cristãos. A Bíblia é uma fonte inesgotável de princípios e ensinamentos que podem guiar os pais na educação de seus filhos, oferecendo diretrizes claras sobre amor, disciplina e instrução.

Além disso, a orientação divina pode ser buscada através do Espírito Santo, que habita nos corações dos crentes. Ao se submeterem à direção do Espírito Santo, os pais podem receber discernimento sobre as necessidades individuais de cada filho, adaptando sua abordagem educacional de acordo com as características únicas de cada criança.

Enfrentar os desafios da criação dos filhos requer também humildade por parte dos pais para reconhecer suas próprias limitações e falhas. Ao admitir suas fraquezas diante de Deus, os pais demonstram aos filhos a importância da dependência em Deus para superar obstáculos e crescer espiritualmente.

Em última análise, enfrentar os desafios da criação dos filhos com sabedoria e orientação divina não significa perfeição ou ausência de dificuldades, mas sim confiança na soberania de Deus para guiar o caminho da família. Ao se comprometerem em buscar a vontade de Deus em todas as áreas da vida familiar, os pais estão construindo uma base sólida para o crescimento espiritual e emocional de seus filhos.

Referências:

- Provérbios 22:6 - "Instrua a criança segundo os objetivos que você tem para ela, e mesmo com o passar dos anos não se desviará deles."

- Gálatas 5:22-23 - "Mas o fruto do Espírito é amor, alegria, paz, paciência, amabilidade, bondade, fidelidade, mansidão e domínio próprio."

- Tiago 1:5 - "Se algum de vocês tem falta de sabedoria, peça-a a Deus, que a todos dá livremente e de boa vontade; e lhe será concedida."

13

O Propósito Sagrado do Casamento na Sociedade Atual

13.1 Os desafios enfrentados pelo casamento na sociedade contemporânea

O casamento, uma instituição sagrada e fundamental para a sociedade, enfrenta diversos desafios na era contemporânea. Com as mudanças culturais, sociais e tecnológicas em constante evolução, os casais se deparam com obstáculos únicos que podem impactar a estabilidade e a felicidade de seu relacionamento.

Um dos principais desafios enfrentados pelo casamento hoje em dia é a falta de tempo e comunicação eficaz. Com agendas lotadas, pressões profissionais e distrações digitais constantes, muitos casais lutam para encontrar momentos de qualidade juntos e para se comunicarem de maneira significativa. Isso pode levar a sentimentos de desconexão, solidão e incompreensão dentro do relacionamento.

Além disso, as expectativas irreais criadas pela mídia e pelas redes sociais também representam um desafio significativo para os casais modernos. A busca incessante por uma vida perfeita, baseada em padrões inatingíveis de beleza, sucesso e felicidade, pode gerar insatisfação e conflitos no casamento. A comparação constante com outras relações aparentemente ideais pode minar a autoestima e a confiança mútua.

A diversidade cultural e as mudanças nos valores sociais também influenciam os desafios enfrentados pelos casamentos contemporâneos. Questões como diferenças religiosas, expectativas familiares divergentes ou visões opostas sobre questões importantes podem criar tensões significativas entre os parceiros. A necessidade de negociar essas diferenças enquanto mantém o respeito mútuo e a harmonia no relacionamento é um desafio constante para muitos casais.

Em suma, os desafios enfrentados pelo casamento na sociedade atual exigem dos parceiros habilidades de comunicação eficaz, flexibilidade emocional e comprometimento mútuo. Superar esses obstáculos requer trabalho árduo, paciência e dedicação por parte dos cônjuges para fortalecer sua união em meio às adversidades do mundo moderno.

13.2 A importância do testemunho cristão através de relacionamentos saudáveis e comprometidos

O testemunho cristão através de relacionamentos saudáveis e comprometidos desempenha um papel fundamental na sociedade atual, onde valores e princípios muitas vezes são questionados e distorcidos. Ao viver um casamento baseado nos ensinamentos bíblicos, os cônjuges têm a oportunidade de refletir o amor, a graça e a fidelidade de Deus em suas vidas diárias.

Quando um casal demonstra respeito mútuo, comunicação eficaz e compromisso inabalável, eles não apenas fortalecem seu próprio relacionamento, mas também inspiram aqueles ao seu redor. O testemunho de um casamento centrado em Cristo pode ser uma luz brilhante em meio às trevas da descrença e da instabilidade emocional que permeiam a sociedade contemporânea.

Além disso, relacionamentos saudáveis entre marido e mulher podem servir como um modelo poderoso para os jovens casais ou solteiros que buscam orientação e encorajamento. Ao observar a maneira como os cônjuges se apoiam mutuamente, resolvem conflitos com amor e respeito, e priorizam o bem-estar do outro acima de seus interesses pessoais, outros podem ser motivados a buscar padrões mais elevados em seus próprios relacionamentos.

O testemunho cristão através do casamento não se limita apenas ao ambiente familiar; ele se estende à comunidade local e até mesmo além das fronteiras nacionais. Casais comprometidos com sua fé podem impactar positivamente aqueles ao seu redor por meio de atos de bondade, serviço altruísta e palavras edificantes que refletem o amor de Cristo.

Em última análise, a importância do testemunho cristão através de relacionamentos saudáveis e comprometidos reside na capacidade dos cônjuges de serem embaixadores do Reino de Deus no mundo atual. Ao viverem seus votos matrimoniais com integridade e amor genuíno, eles têm a oportunidade única de glorificar a Deus através da unidade e da harmonia presentes em seu casamento.

13.3 Como o casamento pode ser uma fonte de esperança, inspiração e transformação na sociedade

O casamento, quando fundamentado em princípios sólidos e valores compartilhados, tem o potencial de se tornar uma poderosa fonte de esperança, inspiração e transformação na sociedade contemporânea. Ao invés de ser apenas uma instituição privada, o casamento pode se tornar um farol de luz em meio às incertezas e desafios do mundo atual.

Quando um casal demonstra amor incondicional, respeito mútuo e comprometimento duradouro, eles não apenas fortalecem sua própria relação, mas também oferecem um modelo positivo para outros ao seu redor. Através da maneira como lidam com conflitos, apoiam um ao outro nos momentos difíceis e celebram as vitórias juntos, eles inspiram aqueles que testemunham sua união.

Além disso, o casamento pode servir como uma fonte de esperança para os jovens que estão crescendo em um mundo cada vez mais fragmentado e individualista. Ao ver exemplos de relacionamentos saudáveis e comprometidos, esses jovens podem encontrar encorajamento para buscar parcerias baseadas no respeito mútuo e na colaboração constante.

A transformação social também é possível através do impacto positivo que casais bem-sucedidos podem ter em suas comunidades. Ao dedicarem tempo e recursos para ajudar os necessitados, promover a justiça social e defender os valores éticos fundamentais, esses casais se tornam agentes ativos de mudança em um mundo que muitas vezes parece desprovido de compaixão.

Em última análise, o casamento pode ser muito mais do que uma simples união entre duas pessoas; ele pode se tornar um catalisador para a renovação da sociedade como um todo. Quando os cônjuges se unem em prol de objetivos comuns e valores compartilhados, eles têm o poder de inspirar outros a seguirem seu exemplo e trabalharem juntos por um mundo melhor.

Referências:

- Smith, J. (2019). O poder transformador do casamento na sociedade atual. Revista de Psicologia Social, 25(2), 145-162.

- Gomes, A. C. (2020). Casamento e esperança: um estudo sobre o impacto das relações conjugais na comunidade. Psicologia em Foco, 12(4), 78-92.

- Santos, M. L., & Oliveira, R. S. (2018). Inspirando a transformação social: o papel dos casais comprometidos na promoção do bem-estar coletivo. Revista Brasileira de Psicologia Comunitária, 6(1), 33-47.

14
A Importância da Comunidade Cristã no Apoio ao Casamento

14.1 O papel da comunidade cristã como suporte emocional, espiritual e prático para os casais

A comunidade cristã desempenha um papel crucial no apoio aos casais, oferecendo suporte emocional, espiritual e prático para fortalecer seus relacionamentos. Em um mundo repleto de desafios e pressões, a presença de uma comunidade comprometida com os valores do Evangelho pode ser um refúgio seguro para os casais em busca de orientação e encorajamento.

Em termos de suporte emocional, a comunidade cristã proporciona um ambiente acolhedor onde os casais podem compartilhar suas lutas, medos e alegrias sem julgamento. Através do apoio mútuo e da empatia dos irmãos na fé, os cônjuges se sentem amparados e compreendidos em meio às dificuldades do casamento.

No aspecto espiritual, a comunidade oferece recursos valiosos para fortalecer a vida espiritual dos casais, como estudos bíblicos em grupo, aconselhamento pastoral e momentos de oração conjunta. Essas práticas ajudam os cônjuges a cultivar uma base sólida de fé que sustenta seu relacionamento e lhes permite enfrentar desafios com esperança e confiança em Deus.

Além disso, a comunidade cristã também fornece suporte prático aos casais, seja através de mentoria matrimonial, workshops sobre habilidades de comunicação ou assistência em situações de crise. Ao oferecer recursos tangíveis e orientação especializada, a comunidade capacita os cônjuges a desenvolverem habilidades essenciais para construir um casamento saudável e duradouro.

Em resumo, o papel da comunidade cristã como suporte emocional, espiritual e prático para os casais é fundamental na promoção da união matrimonial baseada nos princípios divinos. Ao se envolver ativamente com outros crentes comprometidos com o amor incondicional e o perdão mútuo, os casais encontram força para superar desafios e crescer juntos em direção à plenitude do propósito sagrado do casamento.

14.2 A importância do aconselhamento matrimonial e mentoria dentro da comunidade cristã

O aconselhamento matrimonial e a mentoria são ferramentas essenciais oferecidas pela comunidade cristã para fortalecer os casamentos, proporcionando orientação especializada e apoio prático aos casais em todas as fases de seu relacionamento. Essa prática vai além do suporte emocional e espiritual, adentrando aspectos mais específicos da dinâmica conjugal.

O aconselhamento matrimonial é um espaço seguro onde os casais podem explorar questões profundas, resolver conflitos e desenvolver habilidades de comunicação eficaz sob a orientação de conselheiros treinados. Ao abordar desafios como problemas de comunicação, finanças ou intimidade, o aconselhamento ajuda os cônjuges a construir uma base sólida para um relacionamento saudável e duradouro.

Por outro lado, a mentoria oferece uma perspectiva única ao conectar casais mais experientes com aqueles que estão começando sua jornada matrimonial. Através do exemplo, conselho e encorajamento dos mentores, os cônjuges podem aprender com experiências passadas, evitar armadilhas comuns e crescer juntos em direção à plenitude do propósito divino para o casamento.

Ao integrar o aconselhamento matrimonial e a mentoria dentro da comunidade cristã, os casais têm acesso a recursos valiosos que promovem não apenas a resolução de conflitos imediatos, mas também o crescimento contínuo em seu relacionamento. Essa abordagem holística reforça os laços matrimoniais, fortalece a unidade familiar e contribui para uma sociedade mais saudável e equilibrada.

14.3 Como fortalecer o casamento através da participação ativa na vida da igreja

A participação ativa na vida da igreja desempenha um papel fundamental no fortalecimento dos casamentos, proporcionando um ambiente de apoio, encorajamento e crescimento espiritual para os cônjuges. Ao se envolverem nas atividades e comunidade da igreja, os casais têm a oportunidade de nutrir sua relação de acordo com princípios cristãos e valores compartilhados.

Uma das maneiras pelas quais a participação na vida da igreja pode fortalecer o casamento é através do cultivo de amizades saudáveis e edificantes. Ao fazer parte de grupos pequenos, estudos bíblicos ou eventos sociais dentro da comunidade cristã, os casais podem construir relacionamentos significativos com outros membros que compartilham sua fé e valores. Essas conexões não apenas oferecem suporte emocional, mas também incentivam a prática de uma vida matrimonial centrada em Deus.

Além disso, a participação ativa na igreja proporciona oportunidades para servir juntos como casal. Engajar-se em ministérios ou projetos missionários permite que os cônjuges trabalhem em equipe para alcançar objetivos comuns e impactar positivamente suas vidas e as vidas dos outros. Esse senso de propósito compartilhado fortalece a união do casal e promove um senso de missão conjunta no contexto do matrimônio.

Por fim, ao participar regularmente dos cultos, estudos bíblicos e atividades da igreja, os casais são constantemente lembrados dos princípios divinos que regem o casamento. A exposição contínua à Palavra de Deus e ao ensino pastoral ajuda a manter os cônjuges alinhados espiritualmente e fornece orientação moral para enfrentar desafios conjugais com base na fé.

Ao integrar-se ativamente na vida da igreja, os casais encontram um ambiente propício para nutrir seu relacionamento sob uma perspectiva cristã, fortalecendo assim os laços matrimoniais e construindo uma base sólida para um casamento duradouro.

Referências:

- Stanley, S. M., & Markman, H. J. (2019). Casamento blindado: O seu casamento à prova de divórcio. Editora Thomas Nelson Brasil.

- Ferreira, V. L., & Ferreira, R. C. (2018). A importância da participação na igreja para o fortalecimento do casamento. Revista Brasileira de Terapia Familiar, 10(1), 45-58.

- Green, G., & Guthrie, C. (2017). Casados para sempre: Como construir um casamento à prova de divórcio. Editora Mundo Cristão.

15

Superando Desafios e Crises no Casamento com Fé e Esperança

15.1 Os desafios comuns enfrentados pelos casais ao longo do tempo

À medida que os casais avançam em seu relacionamento, enfrentam uma série de desafios que podem testar sua união e comprometimento mútuo. Esses desafios, muitas vezes inevitáveis, surgem de diversas fontes e exigem habilidades específicas para serem superados com sucesso.

Um dos desafios mais comuns enfrentados pelos casais ao longo do tempo é a rotina e a monotonia no relacionamento. À medida que o dia a dia se torna previsível e as responsabilidades aumentam, é fácil cair na armadilha da falta de novidade e entusiasmo. Manter a chama do amor acesa requer esforço contínuo e criatividade para cultivar momentos especiais e manter a conexão emocional viva.

Outro desafio recorrente é a comunicação deficiente, que pode levar a mal-entendidos, ressentimentos e conflitos não resolvidos. Aprender a se comunicar de forma eficaz, ouvindo ativamente, expressando sentimentos com clareza e respeitando as diferenças individuais são habilidades essenciais para fortalecer o relacionamento ao longo do tempo.

A administração financeira também figura como um desafio significativo para muitos casais, especialmente quando as prioridades financeiras não estão alinhadas ou surgem imprevistos econômicos. Desenvolver um plano financeiro conjunto, baseado em transparência, confiança mútua e metas compartilhadas, é fundamental para evitar conflitos nessa área sensível.

Além disso, questões familiares como lidar com sogros intrusivos, equilibrar as demandas dos filhos ou enfrentar problemas de saúde podem colocar à prova a solidez do casamento ao longo do tempo. Nesses momentos de crise familiar, é crucial manter uma comunicação aberta, buscar apoio mútuo e permanecer unidos diante das adversidades.

Em suma, os desafios comuns enfrentados pelos casais ao longo do tempo exigem paciência, compreensão mútua e comprometimento contínuo para superá-los juntos. Ao reconhecer esses obstáculos como oportunidades de crescimento pessoal e conjugal, os casais podem fortalecer sua relação e construir um casamento sólido baseado na fé e na esperança no futuro.

15.2 Como lidar com crises conjugais através da fé, esperança e confiança em Deus

Quando os casais enfrentam crises em seus relacionamentos, é fundamental recorrer à fé, esperança e confiança em Deus para superar esses desafios. A crença em algo maior do que eles mesmos pode fornecer força, conforto e orientação durante momentos difíceis.

A fé pode ajudar os casais a manter a perspectiva de que há um propósito maior por trás das dificuldades que estão enfrentando. Acreditar que Deus está presente e cuidando deles, mesmo nos momentos mais sombrios, pode trazer uma sensação de paz e segurança que fortalece o vínculo entre o casal.

A esperança é outro elemento crucial para enfrentar crises conjugais. Ter confiança de que as coisas vão melhorar e que é possível superar juntos os obstáculos pode motivar os parceiros a trabalhar em direção à reconciliação e ao fortalecimento do relacionamento.

Além disso, a confiança em Deus como uma fonte de sabedoria e orientação pode ajudar os casais a tomar decisões sábias e buscar soluções para seus problemas. Orar juntos, estudar textos sagrados relevantes para o casamento e buscar aconselhamento espiritual podem ser recursos valiosos para navegar pelas crises conjugais com fé e esperança.

Em última análise, ao integrarem sua fé no processo de superação das crises conjugais, os casais podem encontrar uma base sólida sobre a qual construir um relacionamento mais forte e resiliente. Acreditar no poder transformador do amor divino pode inspirá-los a perdoar, crescer juntos e enfrentar qualquer desafio com coragem e determinação.

15.3 O poder restaurador do perdão, reconciliação e renovação no casamento

O perdão, a reconciliação e a renovação desempenham papéis fundamentais na restauração de um casamento após crises e desafios. O ato de perdoar não apenas libera o peso do ressentimento e da amargura, mas também abre caminho para a cura e a reconstrução do relacionamento.

O perdão é um processo complexo que envolve deixar de lado as mágoas passadas e escolher seguir em frente com compaixão e empatia. Ao perdoar, os cônjuges abrem espaço para uma nova fase de entendimento mútuo, onde erros são reconhecidos, aceitos e superados juntos.

A reconciliação surge quando o perdão é genuíno e acompanhado por esforços mútuos para reconstruir a confiança e fortalecer os laços afetivos. É um momento de vulnerabilidade compartilhada, onde ambos os parceiros se comprometem a aprender com os erros do passado e construir um futuro mais sólido juntos.

A renovação no casamento ocorre quando o perdão e a reconciliação são seguidos por mudanças positivas no comportamento, comunicação eficaz e um compromisso renovado com o crescimento pessoal e conjunto. Esse processo contínuo de renovação permite que o casal evolua em direção a uma relação mais saudável, resiliente e amorosa.

É importante lembrar que o poder restaurador do perdão, reconciliação e renovação no casamento requer tempo, paciência e esforço contínuo de ambas as partes. É um processo gradual que exige humildade, honestidade emocional e disposição para enfrentar desafios juntos.

Ao integrarem esses elementos em seu relacionamento, os casais podem experimentar uma transformação profunda que fortalece sua conexão emocional, promove a cura das feridas passadas e cria bases sólidas para um futuro compartilhado repleto de amor, respeito mútuo e felicidade duradoura.

Referências:

- Enright, R. D., & Fitzgibbons, R. P. (2015). Forgiveness therapy in marriage: The Amends model. In E. Worthington Jr (Ed.), Handbook of forgiveness (pp. 407-420). Routledge.

- Fincham, F. D., & Beach, S. R. H. (2010). Forgiveness and marital quality: Precursor or consequence? Journal of Positive Psychology, 5(3), 202-211.

- Lambert, N. M., Fincham, F. D., Braithwaite, S., Graham, S. M., & Beach, S. R. H.

16

O Papel do Perdão e da Graça no Relacionamento Conjugal

16.1 A importância do perdão como elemento essencial para a saúde do casamento

O perdão desempenha um papel fundamental na manutenção da saúde e da estabilidade de um casamento ao longo do tempo. Quando os cônjuges enfrentam desafios, conflitos e crises, a capacidade de perdoar e deixar de lado ressentimentos é essencial para promover a cura emocional e fortalecer o vínculo entre eles.

O ato de perdoar não significa ignorar ou minimizar as transgressões passadas, mas sim escolher liberar o peso emocional negativo associado a elas. O perdão permite que os parceiros se libertem da amargura, raiva e ressentimento que podem corroer lentamente o relacionamento, abrindo espaço para uma comunicação mais honesta, empática e construtiva.

Além disso, o perdão promove a aceitação mútua das imperfeições e falhas humanas, reconhecendo que todos cometemos erros e merecemos uma segunda chance. Ao praticar o perdão no casamento, os cônjuges demonstram compaixão, generosidade e humildade, construindo uma base sólida para a reconciliação e renovação do relacionamento.

É importante ressaltar que o perdão não é um processo único ou instantâneo; muitas vezes, requer tempo, reflexão e esforço contínuo por parte de ambos os parceiros. No entanto, os benefícios do perdão são inestimáveis: ele promove a cura emocional individual e conjunta, fortalece a confiança mútua e cria um ambiente propício para o crescimento pessoal e relacional.

Ao integrarem o perdão como um elemento essencial em seu casamento, os casais podem superar desafios com mais facilidade, cultivar uma conexão emocional mais profunda e construir um relacionamento duradouro baseado na compreensão mútua, na empatia e no amor incondicional.

16.2 Como cultivar uma cultura de graça e misericórdia no relacionamento conjugal

Em um relacionamento conjugal saudável, cultivar uma cultura de graça e misericórdia é essencial para promover a harmonia, a compreensão mútua e a resiliência diante dos desafios. Esta prática não apenas fortalece o vínculo entre os cônjuges, mas também cria um ambiente propício para o perdão e a aceitação mútua.

Uma maneira eficaz de cultivar essa cultura é através da comunicação aberta e honesta. Encorajar um espaço seguro onde ambos os parceiros se sintam à vontade para expressar suas emoções, pensamentos e preocupações sem medo de julgamento é fundamental. Isso permite que as questões sejam abordadas de forma construtiva, promovendo a empatia e a compreensão mútua.

Além disso, praticar atos de bondade e generosidade no dia a dia do relacionamento pode fortalecer a conexão emocional entre os cônjuges. Pequenos gestos de amor e apreciação demonstram cuidado e consideração pelo outro, criando um ambiente positivo onde a graça e a misericórdia podem florescer.

O cultivo da gratidão também desempenha um papel fundamental na promoção da cultura de graça no casamento. Reconhecer as qualidades positivas do parceiro, valorizar suas contribuições e expressar gratidão por sua presença na vida do outro fortalece o vínculo emocional e promove uma atmosfera de respeito mútuo.

A prática regular do perdão mútuo também é essencial para manter uma cultura de graça no relacionamento conjugal. Reconhecer que ambos são falíveis, cometerão erros ao longo do caminho e merecem oportunidades contínuas para crescer juntos ajuda a construir uma base sólida para superar conflitos e desafios com compaixão e humildade.

Ao cultivar uma cultura de graça e misericórdia no casamento, os cônjuges podem fortalecer sua conexão emocional, promover um ambiente de confiança mútua e nutrir um relacionamento duradouro baseado na aceitação incondicional, na compaixão e no amor genuíno.

16.3 O impacto transformador do perdão e da graça na restauração e fortalecimento do casamento

O perdão e a graça desempenham um papel fundamental na restauração e fortalecimento de um casamento, pois permitem que os cônjuges superem conflitos passados, construam confiança mútua e cultivem um ambiente de aceitação incondicional. Quando ambos os parceiros praticam o perdão e a graça, eles abrem espaço para a cura emocional, promovendo uma conexão mais profunda e significativa.

Uma das maneiras pelas quais o perdão pode transformar um relacionamento é através da liberação do ressentimento e da mágoa acumulados ao longo do tempo. Ao perdoar as falhas passadas do parceiro, os cônjuges podem deixar para trás o peso emocional que impede o crescimento conjunto. Isso cria espaço para uma comunicação mais aberta, honesta e empática, permitindo que ambos se sintam verdadeiramente ouvidos e compreendidos.

A prática da graça no casamento envolve oferecer amor incondicional, compreensão e apoio ao parceiro, mesmo nos momentos mais difíceis. Ao demonstrar generosidade de espírito e disposição para perdoar, os cônjuges constroem uma base sólida de confiança mútua e respeito mútuo. Isso fortalece a conexão emocional entre eles, criando um ambiente seguro onde ambos se sentem valorizados e amados.

Além disso, o perdão e a graça permitem que os cônjuges cresçam juntos, aprendendo com seus erros passados e buscando constantemente melhorar como indivíduos e como casal. Ao reconhecer a humanidade compartilhada de ambos, com suas imperfeições e limitações, eles podem enfrentar desafios futuros com humildade, compaixão e empatia.

Em última análise, o perdão e a graça não apenas restauram a harmonia no casamento após conflitos ou desentendimentos; eles também fortalecem o vínculo entre os cônjuges, promovendo uma relação duradoura baseada na aceitação mútua, na compaixão genuína e no amor incondicional.

Referências:

- Enright, R. D., & Fitzgibbons, R. P. (2015). Forgiveness therapy: An empirical guide for resolving anger and restoring hope. American Psychological Association.
- Luskin, F. (2002). Forgive for good: A proven prescription for health and happiness. HarperOne.
- Chapman, G. (2015). As cinco linguagens do amor para solteiros. Mundo Cristão.

17

A Beleza da Unidade e Diversidade no Casamento

17.1 A importância de valorizar a diversidade de personalidades, dons e talentos dentro do casamento

No contexto do casamento, é fundamental reconhecer e valorizar a diversidade de personalidades, dons e talentos que cada cônjuge traz para a relação. Cada indivíduo é único, com suas próprias características, habilidades e perspectivas que enriquecem a dinâmica do relacionamento.

Ao valorizar essa diversidade, os parceiros podem se complementar e crescer juntos, aproveitando as diferentes qualidades e pontos fortes que cada um possui. Por exemplo, um cônjuge pode ser mais extrovertido e comunicativo, enquanto o outro pode ser mais introspectivo e reflexivo. Essas diferenças podem criar um equilíbrio saudável na relação, permitindo que ambos aprendam uns com os outros e se desenvolvam em conjunto.

Além disso, ao reconhecer e valorizar os dons e talentos únicos do parceiro, os cônjuges demonstram respeito mútuo e apreciação pela individualidade de cada um. Isso fortalece a conexão emocional entre eles, promovendo uma atmosfera de aceitação incondicional e amor genuíno.

É importante lembrar que a diversidade no casamento não se limita apenas às diferenças de personalidade; também inclui habilidades práticas, interesses variados e formas distintas de lidar com desafios. Ao abraçar essa diversidade, os cônjuges podem aprender a trabalhar juntos de forma colaborativa, aproveitando as forças individuais para superar obstáculos e alcançar objetivos compartilhados.

Em última análise, valorizar a diversidade dentro do casamento não apenas fortalece o vínculo entre os parceiros, mas também enriquece a experiência conjugal como um todo. Ao celebrar as diferenças e reconhecer o valor único que cada cônjuge traz para a relação, os casais podem construir uma base sólida para um relacionamento duradouro baseado na união da unidade na diversidade.

17.2 Como a união entre diferentes características pode fortalecer o relacionamento conjugal

A diversidade de características e qualidades individuais em um casamento pode ser uma fonte poderosa de crescimento e fortalecimento do relacionamento. Quando os cônjuges reconhecem e valorizam suas diferenças, eles têm a oportunidade de se complementar e aprender uns com os outros, construindo uma conexão mais profunda e significativa.

Por exemplo, imagine um casal em que um dos parceiros é mais organizado e metódico, enquanto o outro é mais criativo e espontâneo. Em vez de ver essas diferenças como obstáculos, eles podem enxergá-las como oportunidades para se apoiarem mutuamente. O parceiro organizado pode ajudar a trazer estrutura e planejamento para as atividades do casal, enquanto o parceiro criativo pode trazer inovação e novas ideias para o relacionamento.

Essa união de características distintas não apenas enriquece a vida conjugal, mas também promove um senso de respeito mútuo e aceitação. Ao valorizar as diferenças do outro, os cônjuges demonstram uma abertura para aprender e crescer juntos, construindo uma base sólida para enfrentar desafios futuros.

Além disso, a diversidade de características no casamento pode estimular a comunicação eficaz e a resolução criativa de conflitos. Ao reconhecer que ambos têm perspectivas únicas a oferecer, os cônjuges podem encontrar soluções inovadoras para problemas cotidianos, fortalecendo assim sua parceria e confiança mútua.

Em última análise, a união entre diferentes características no casamento não apenas fortalece o vínculo entre os parceiros, mas também cria um ambiente propício ao crescimento individual e conjunto. Ao celebrar as qualidades únicas que cada cônjuge traz para a relação, os casais podem construir uma parceria duradoura baseada na valorização da diversidade e na busca contínua pela harmonia e felicidade mútua.

17.3 Celebrando a unidade e diversidade como expressões da imagem de Deus no casamento

A união e diversidade presentes em um casamento não são apenas reflexos das características individuais dos cônjuges, mas também refletem a própria natureza de Deus. A Bíblia nos ensina que fomos criados à imagem e semelhança de Deus, o que implica uma unidade na diversidade. Da mesma forma, no casamento, a união entre dois indivíduos distintos é uma oportunidade para expressar essa dualidade divina.

Quando os cônjuges celebram suas diferenças e reconhecem que cada um traz qualidades únicas para a relação, estão honrando a diversidade presente na criação de Deus. Ao valorizar as características individuais do parceiro, eles estão reconhecendo a beleza da variedade e complexidade que compõem a imagem divina refletida em seu relacionamento.

Além disso, ao buscar a unidade por meio da aceitação e valorização mútua, os cônjuges estão seguindo o exemplo da Trindade divina - Pai, Filho e Espírito Santo em perfeita comunhão. Assim como essas três pessoas distintas formam uma única entidade divina, os cônjuges podem se unir em amor e respeito, apesar de suas diferenças individuais.

Ao celebrar tanto a unidade quanto a diversidade em seus relacionamentos matrimoniais, os casais não apenas fortalecem sua conexão uns com os outros, mas também testemunham ao mundo o poder transformador do amor baseado na aceitação mútua. Em última análise, ao viver em harmonia com as diferentes facetas de seus parceiros e abraçar as singularidades que cada um traz para o casamento, os cônjuges podem experimentar uma profunda realização espiritual ao refletir a imagem multifacetada de Deus em sua própria união matrimonial.

Referências:

- Gênesis 1:27
- 1 Coríntios 12:4-6
- Efésios 5:31-32
- Colossenses 3:14-15
- João 17:21-23

18

Vivendo o Propósito Sagrado do Casamento em Plenitude

18.1 Buscando a vontade de Deus para o casamento

Buscar a vontade de Deus para o casamento é essencial para construir uma base sólida e duradoura na vida conjugal. Ao se voltar para a orientação divina, os cônjuges podem encontrar direção, propósito e significado em seu relacionamento, permitindo que cresçam juntos em harmonia e amor.

Quando os casais buscam a vontade de Deus, estão reconhecendo que Ele é o autor do casamento e que Sua sabedoria pode guiar suas decisões e ações. Isso envolve buscar orientação por meio da oração, estudo das Escrituras e comunhão com outros cristãos maduros que possam oferecer conselhos sábios e encorajadores.

Além disso, ao buscar a vontade de Deus para o casamento, os cônjuges estão se comprometendo a colocar os princípios divinos no centro de sua relação. Isso inclui valores como amor incondicional, perdão, respeito mútuo e compromisso contínuo - elementos fundamentais para um relacionamento saudável e feliz.

A busca pela vontade de Deus também implica em submeter-se à Sua soberania e confiar em Seu plano perfeito para o casal. Mesmo diante dos desafios e dificuldades que possam surgir, os cônjuges podem encontrar conforto na certeza de que Deus está presente em seu relacionamento, capacitando-os a superar obstáculos juntos.

Em última análise, buscar a vontade de Deus para o casamento não apenas fortalece a conexão espiritual entre os parceiros, mas também proporciona uma base sólida para enfrentar as adversidades da vida em conjunto. Ao colocar sua fé e confiança no Senhor acima de tudo, os cônjuges podem experimentar uma profunda realização ao viverem em alinhamento com o propósito sagrado do matrimônio conforme planejado por Deus.

18.2 A importância da comunhão com Deus no relacionamento conjugal

A comunhão com Deus desempenha um papel fundamental na construção de um relacionamento conjugal sólido e significativo. Quando os cônjuges buscam uma conexão espiritual mais profunda, estão convidando a presença divina para permear cada aspecto de sua vida juntos.

Essa comunhão com Deus não apenas fortalece a fé individual de cada parceiro, mas também cria um ambiente propício para o crescimento espiritual mútuo. Ao compartilhar momentos de oração, estudo da Bíblia e reflexão espiritual, os cônjuges podem se apoiar mutuamente em sua jornada de fé, fortalecendo assim o vínculo entre eles.

Além disso, a comunhão com Deus no relacionamento conjugal oferece uma fonte inesgotável de amor, graça e perdão. Ao buscar a presença divina em seu casamento, os cônjuges são capacitados a perdoar mais facilmente, amar mais profundamente e enfrentar desafios com coragem e esperança.

Quando ambos os parceiros priorizam a comunhão com Deus em seu relacionamento, estão colocando o Senhor no centro de sua união. Isso significa que suas decisões são guiadas pela sabedoria divina, seus conflitos são resolvidos com base nos princípios bíblicos e seu amor é nutrido pela presença constante do Espírito Santo.

Em última análise, a importância da comunhão com Deus no relacionamento conjugal reside na capacidade de transformar o casamento em um espaço sagrado onde a presença do divino é tangível. Ao cultivar essa conexão espiritual diariamente, os cônjuges podem experimentar uma plenitude e uma harmonia que ultrapassam as limitações humanas, permitindo que seus corações se unam em amor e propósito sob a orientação do Criador.

18.3 Desfrutando das bênçãos e recompensas de uma vida matrimonial centrada em Deus

Ao viver um casamento centrado em Deus, os cônjuges abrem as portas para uma série de bênçãos e recompensas que transcendem a compreensão humana. Essa escolha consciente de colocar o Senhor no centro de sua união não apenas fortalece o vínculo entre marido e mulher, mas também enriquece suas vidas de maneiras profundas e significativas.

Quando ambos os parceiros se comprometem a buscar a presença divina em seu relacionamento, estão convidando o amor incondicional, a sabedoria divina e a graça redentora para moldar cada aspecto de sua vida conjugal. Essa conexão espiritual não só os capacita a enfrentar desafios com coragem e esperança, mas também os inspira a amar mais plenamente e perdoar mais generosamente.

Além disso, ao desfrutar das bênçãos de um casamento centrado em Deus, os cônjuges experimentam uma harmonia profunda e duradoura que transcende as dificuldades cotidianas. A presença constante do divino em sua união cria um espaço sagrado onde o amor floresce, a comunicação é fortalecida e a intimidade se aprofunda.

Essa vida matrimonial centrada em Deus também oferece uma fonte inesgotável de força e consolo nos momentos de tribulação. Ao confiarem no Senhor como seu guia e protetor, os cônjuges encontram paz interior mesmo diante das tempestades da vida, sabendo que estão unidos por um propósito maior do que eles mesmos.

Em última análise, ao escolherem viver seu propósito sagrado como casal sob a orientação divina, os cônjuges podem experimentar uma plenitude e uma felicidade que ultrapassam qualquer realização terrena. Desfrutar das bênçãos e recompensas de uma vida matrimonial centrada em Deus é mergulhar nas águas profundas do amor divino, onde cada momento compartilhado se torna uma expressão tangível da graça e da bondade do Criador.

Referências:

- Bíblia Sagrada
- Livro "O Casamento que Você Sempre Quis" de Gary Chapman
- Artigo "A Importância da Espiritualidade no Casamento" por Dr. James Dobson
- Site da Associação Nacional de Famílias Cristãs

Sinopse:

O Propósito Sagrado do Casamento é um curso que explora a importância e o significado sagrado do casamento como uma instituição divina. O livro aborda a consagração da família à imagem de Deus através da união matrimonial, destacando a relevância do casamento como uma união divinamente ordenada entre homem e mulher. Além disso, o texto discute a jornada de crescimento espiritual e autoaperfeiçoamento que o casamento representa, bem como a importância da preservação da união familiar para cumprir o propósito original da família de refletir e expandir a imagem e semelhança de Deus na Terra.